中華史

易中天

從春秋到戰國

商務印書館

本書由杭州果麥文化傳媒有限公司授權本公司在香港澳門地區出版發行

中華史第五卷
從春秋到戰國

作　　者：易中天
學術顧問：陳　勤
責任編輯：徐昕宇
封面設計：張　毅
出　　版：商務印書館（香港）有限公司
香港筲箕灣耀興道 3 號東滙廣場 8 樓
http://www.commercialpress.com.hk
發　　行：香港聯合書刊物流有限公司
香港新界大埔汀麗路 36 號中華商務印刷大廈 3 字樓
印　　刷：美雅印刷製本有限公司
九龍觀塘榮業街 6 號海濱工業大廈 4 樓 A
版　　次：2014 年 1 月第 1 版第 1 次印刷

ISBN 978 962 07 4492 1
Printed in Hong Kong

從春秋到戰國，這五百年歷史是綁在戰車上前行的。

目錄

鄭莊公命令各部，
只要看見大旗一揮，就擊鼓進軍。
他的手下一箭射去，拉開了新時代的帷幕。

第一章

禍起蕭牆

窩裏鬥開始

鄭莊公跟他親媽和弟弟都翻臉了。[1]

這事發生在公元前 722 年（魯隱公元年），即春秋的第一年。也就在這年，立國二百年的以色列被亞述滅亡，只剩下猶太王國苟延殘喘。但，亞述滅以色列是見慣不怪的外族入侵，鄭國這邊卻是地地道道的禍起蕭牆。春秋史以母子兄弟的窩裏鬥來開篇，雖然要算碰巧，卻也意味深長。

先看人物關係。

本案的男一號，當然是鄭莊公。莊公是鄭國第三任國君，鄭武公的嫡長子，名叫寤生。武公的正妻是申國的公主，史稱武姜。武，是丈夫的謚號；姜，則是娘家的姓。申國據說是伯夷之後，姓姜；鄭國則是厲王之後，姓姬。武公娶武姜，不過姬姜兩族長期通婚之一例。

武姜給武公生了兩個兒子，老大叫寤生，老二叫段，都是嫡子。刀兵相見的，就是這哥倆；翻臉不認人的，則是寤生和武姜母子。

奇怪！親媽親兄弟，血濃於水，怎麼就水火不容呢？

據説是因為武姜不喜歡老大。不喜歡的原因也很怪異，據説是因為老大出生時兩條腿先出來，着實把武姜嚇了一大跳，因此管他叫“寤生”，也就是“倒着生”。

倒着出生的寤生，從小就不受疼愛。後來有了弟弟，老媽的一片愛心便全部給了段，甚至多次在牀上吹耳邊風，要武公立段為太子。只不過，未遂。後來武公去世，寤生接班，武姜又為段討封地。這時武姜已是老夫人，相當於後世的太后，自然得逞。叔段如願得到了京邑，從此人稱“京城大叔”。大，就是太，也讀太。京城大叔，就是“住在京邑的鄭君之頭號弟弟。”

叔段得到京邑之後，便開始擴軍備戰，圖謀不軌，《左傳》稱為“完，聚，繕甲兵，具卒乘。”完，就是高築牆；聚，就是廣積糧；甲是甲冑，兵是兵器；卒是步兵，乘是車兵。總之，叔段建立了“反政府武裝力量”，武姜則在鄭都充當臥底和線人。魯隱公元年，叔段自認為羽翼豐滿，計劃偷襲鄭都，武姜也做好了開門接應的準備。鄭莊公得到消息，派大夫子封率領二百輛戰車伐京。京人聞訊，立即宣佈與叔段劃清界限。叔段無力抵抗，只好狼狽逃竄到鄢。莊公當然不會讓他在鄢安家落戶，便揮戈東進。五月二十三日，叔段再次逃亡。只不過這一回，他逃到了衛國的共（讀如恭），從此叫共叔段。

叔段逃到共以後，鄭莊公把武姜遷到了城潁（今河南省臨潁縣西北），宣佈母子二人恩斷情絕，不到黃泉不再相見。

春秋編號第一大案，大體如此。

但，此案可疑。

鄭國的受封之地，原本在今陝西省華縣，後來遷到今河南省鄭州市和新鄭市之間，靠近現在的新鄭市。因為是新的鄭都，所以叫新鄭。鄭莊公的鄭，就在這裏。那麼，它跟叔段受封的京、避難的鄢，又是甚麼關係？

二者之間。

請看地圖。

京，在今河南省滎陽市，位於新鄭西北；鄢，在今河南省鄢陵縣，位於新鄭東南。京、鄭、鄢，剛好連成一條直線。也就是說，叔段從京逃到鄢，要路過新鄭。這種逃亡路線，豈不怪異？難道段的本意，是要去投案自首？或者莊公的戰車開過來時，段是像賊一樣夜行晝伏一路狂奔的？

再說了，鄢與京，相距甚遠，中間還隔着新鄭，不大可能是段的地盤，也沒聽說他在那裏有甚麼盟友。他的勢力範圍，主要在鄭國的西北部，最遠到廩延。廩延在今河南省淇縣和滑縣南，延津北，跟鄢可謂南轅北轍，八竿子打不着。跟共，倒是近。共，在今河南省輝縣，而且當時是衛國的地盤。事實上叔段到了共，就平安無事，莊公也沒派人去捉拿或暗殺，反倒自我檢討說："寡人有弟，不能和協，而使糊其口于四方。"[2] 因此段的逃亡，應該是由京而廩延，再到共。甚至逃到廩延，說不定就安全了，為甚麼要往鄢跑呢？

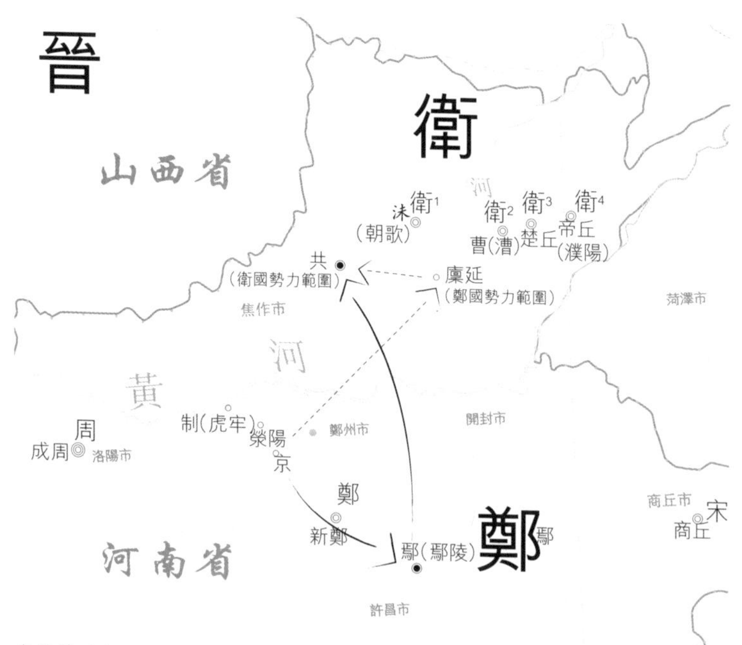

實線箭頭為段的逃亡路線：京→鄢（路過新鄭）→共（衛國勢力範圍）。
虛線箭頭為合理的逃亡路線：京→廩延（鄭國勢力範圍）→共（衛國勢力範圍）。

這就只有叔段自己知道了，歷史上沒有任何解釋。

更難解的，是鄭莊公。

我們知道，鄭莊公是春秋最早的牛人，之後才輪到齊桓和晉文。他即位時，鄭立國不過半個世紀。然而在他掌權的四十三年間，鄭卻崛起為中原第一大國。[3] 這樣一位雄霸天下的政治家，為甚麼會讓叔段肆意妄為長達二十二年之久？[4] 難道他對段的狼子野心，事先竟毫無察覺，也沒有任何人提醒和勸阻？

當然有。

姑息原本為養奸

勸阻鄭莊公的，是祭仲和子封。

祭仲又叫祭足或仲足，原本是一個小官，官職是封人。封人的任務，是負責邊境線的植樹和封土，所以叫封人。祭仲管理的地方叫祭，位於鄭州市東北。後來鄭莊公把他調到朝廷為卿，把現在河南省中牟縣的祭亭封給他做采邑，所以仲足以祭為氏，叫祭仲或祭足。終莊公一朝，祭仲都是朝廷重臣。莊公去世後，他甚至有了廢立國君的勢力。

叔段在京邑大興土木時，祭仲是提醒過莊公的。祭仲說，先王規定，一個國家的其他城市，最大也不能超過國都的三分之一。否則，將會成為禍患。現在京邑的規模已經遠遠超出法定的尺度，將來君上恐怕會不堪承受。

莊公說，老夫人要這樣，沒辦法嘛！

祭仲說，我們這位老夫人，哪裏會有滿足？不如早做安排，免得變生不測。瘋狂生長的野草尚且難以盡除，何況國君的寵弟？

莊公說，多行不義必自斃，先等等看吧！

等等看的結果，是叔段開始膨脹，居然命令鄭國西部和北部地區聽命於自己。

這時，子封說話了。

子封說，一個國家，實在無法忍受一國兩君、政出多門。請問君上到底想要怎麼樣？如果打算讓位，請允許下臣現在就去效忠；如果無意禪讓，請現在就去除掉他。總不能讓民眾三心二意，不知所從，產生其他想法。

莊公又說，別擔心，慢慢來。

慢慢來的結果，是叔段惡性膨脹，不但把鄭國的西部和北部地區都變成自己的采邑，而且把勢力範圍擴大到了廩延。

子封說，可以下手了，否則尾大不掉。

莊公卻說，不怕。不義之人得不到人心，膨脹得越快就垮得越快。別看他現在實力雄厚，到時候一定土崩瓦解。

於是任由叔段折騰，不聞不問。

表面上看，莊公糊塗，實際上卻是老辣。他並不像人們想像的那樣，老夫人要甚麼就給甚麼。武姜為叔段討要的封地，原本不是京，而是制。制，在今河南省滎陽市境內，又名虎牢關。看看地圖就知道，制邑比京邑離新鄭要遠。叔段如果在那裏搞分裂，莊公未免鞭長莫及。京，則在控制範圍之內。可見莊公對於未來，其實心裏有數，只不過要等。

等甚麼？

時機。

的確，叔段雖為心腹之患，徹底根除卻需要時機。畢竟，此人是自己的親弟弟，老媽的親兒子。僅僅因為他違規違紀就大動干戈繩之以法，情理和情面上都說不過去。有這層關係在，下手就不能太狠，頂多只能把他叫來訓一頓，再挪個地方。不過，此人既然有武姜這個大後台，治理整頓的結果便可想而知。就連教訓和移封，都未必能夠實現。

因此，不能治標，只能治本。

治本的辦法，是一次性地進行外科手術式的打擊，將叔段和武姜都打入十八層地獄，讓他們永世不得翻身，再也別想死灰復燃，捲土重來。

但，這需要一個罪名。

這個罪名，就是謀反。

謀反是十惡不赦的大罪。有此大罪，無論如何處分，都不會有輿論壓力。只不過，謀反並不容易，一要有心，二要有膽，三要有力。心和膽，叔段和武姜都有，缺的是力。有力，才能壯膽，也才會鐵心。莊公一直按兵不動，對祭仲和子封的勸阻不予採納，對叔段也一忍再忍，就是為了讓那母子二人“王八吃秤砣”，鋌而走險，以便治罪。為此，莊公隱忍了二十二年，他真是很有耐心。

鄭莊公也很有膽魄，他其實是在押寶。第一，賭叔段和武姜必反；第二，賭他們謀反必敗。這才決心姑息，以便養奸。養奸當然是有風險的。事實上，如果叔段和武姜不反，他就滿盤皆輸；如果謀反成功，他就死無葬身之地。

這是一場豪賭。

現在看，莊公是贏家。

贏家讓史家左右為難。我們知道，周人的執政理念和政治主張，是“以禮治國”，即“禮治”。依禮，鄭莊公可是一點兒錯誤都沒有。他是嫡長子，武姜反對他繼位，是武姜不對。他是國君，也是兄長，叔段跟他叫板，是叔段不對。叔段分庭已是非禮，更何況犯上作亂？當然滅他沒商量。

然而誰都知道，叔段的賊心和反叛，是鄭莊公姑息養奸養出來的。可惜，又誰都無法指責。因為莊公所做的一切，都可以解釋為對武姜的“孝心”。他如果後來沒跟武姜翻臉，誰都奈何不了他。

莊公城府之深，毋庸置疑。

禮治之尷尬，則可見一斑。

尷尬的史家只好用“鄭伯克段于鄢”這幾個字來記錄歷史，表明態度。據《左傳》的解釋，這種表述方式既指責了叔段不像弟弟，也指責了莊公不像哥哥，還暗示了叔段之罪實為莊公養成。此即所謂“春秋筆法”。據孔子說，這對違背禮法之人是有震懾作用的。

可惜這種作用似乎收效甚微。相反，站在鄭莊公的立場，卻不能不承認他是正當防衛，而且未雨綢繆。因為春秋已非西周。君位被人覬覦甚至奪取，並非沒有可能。事實上就在三年後，便有一位國君被他強悍的弟弟謀殺了。

這個強悍的弟弟，叫州吁（讀如需）。

弒君第一案

州吁是叔段的同類，甚至同夥。司馬遷就說，叔段剛逃到共，州吁便主動提出跟他做朋友。實際上他倆當時都流亡在外，只不過叔段是因戰敗而逃亡，州吁則是被罷官而出走。但想滅了哥哥自己上台，則一模一樣。因此，州吁在外招降納叛，結成團夥。魯隱公四年（公元前 719 年）三月十六日，蓄謀已久的州吁帶領這夥人偷襲國都，殺死同父異母的兄長，自己當了國君。[5]

這是春秋的弒君第一案。

以後，還有其他國君接二連三被幹掉。有的被殺，有的逃亡，不是身敗，便是名裂。弒君而自立的，也為數不少，比如第四卷提到的夏姬之子夏徵舒。但始作俑者，則是州吁。

那麼，州吁是甚麼人？

州吁是衛桓公的弟弟。

衛，是周代最早的封國之一，姬姓，始封之君是周公的弟弟康叔封。到第八任國君頃侯，由伯爵晉升為侯爵。到第十一任國君武公，晉升為公爵。武公的兒子，是莊公。莊公的正妻，是齊國的公主。齊國是姜太公之後，姓姜；衛國是周文王之後，姓姬。這又是姬姜兩族長期通婚之一例。所以，齊國這位公主後來就被叫作莊姜。莊，是衛莊公的謚號；姜，是她自己娘家的姓。這跟鄭莊公他媽叫武姜，是同樣的命名方式。

莊姜是一位美女。《詩經》中的《碩人》，就是她的讚美詩。但是莊姜沒有生育能力，便領養了莊公一個側妃的兒子，視如己出。這個兒子名叫完，也就是後來的衛桓公。至於州吁，則是衛莊公另一個寵妾的兒子，年紀也比桓公小。這就是州吁一案與叔段的不同。叔段和莊公同父同母，都是嫡子。州吁和桓公同父異母，都是庶子。只不過桓公被莊姜認領，在名分上是嫡長子。

更重要的不同，是後台老闆。叔段的靠山是老媽，州吁的卻是老爹。州吁其人，從小就調皮搗蛋，胡作非為，還喜歡舞刀弄槍，琢磨兵法。這其實很危險。但儘管莊姜厭惡，大臣勸諫，莊公都聽之任之，地地道道的教子無方。

由是之故，莊公去世、桓公即位後，州吁更加驕橫跋扈，全然不把當國君的哥哥放在眼裏。桓公無奈，只好罷了他的官。州吁則逃出國都，在外拉幫結派，並與叔段不清不楚。這樣，經過十四年的經營，州吁的反政府武裝力量便推翻了桓公的合法政權，自己也成為衛國的僭主。

然而不過半年，州吁也身首異處。

這又是為甚麼？

主要因為他自己作孽。

州吁上台後的第一件事，就是去打鄭國。這並不奇怪。第一，衛和鄭，是世仇。伐鄭，可以標榜自己繼承先君遺志，政治正確。第二，可以幫他哥們叔段出口氣，運氣好的話沒準還能翻盤。第三，可以討好某些諸侯。由於當時鄭國發展迅速，羨慕嫉妒恨的很是不少。更重要的，是州吁得位不正，人心不服。對外發動戰爭，可以轉移視線，緩和國內矛盾。這也是歷代統治者的慣用伎倆。所以《左傳》說州吁此舉，是"修先君之怨于鄭，而求寵于諸侯，以和其民。"

湊巧的是，這時宋國正好有一個君位的爭奪者在鄭國避難。於是州吁便聯合宋國，再加上陳國和蔡國，組成聯軍伐鄭，把鄭都圍了五天。這是魯隱公四年春天的事。秋天，這幫人又去了一趟，搶光了鄭國田野裏的莊稼。

這下子，州吁坐穩屁股了嗎？

沒有。

州吁雖然發動了兩次戰爭，還小有收穫，衛國卻依然人心浮動。對此，他自己不安，他的一個死黨也着急。這個死黨叫石厚，是石碏（讀如卻）的兒子。石碏是前朝元老，此刻告老還鄉，賦閒在家，退休已經十六年。

石厚就去見他爹，問州吁怎樣才能穩住君位。

石碏說，朝見天子即可。

這是有道理的。這時的周天子，雖然已經過氣，卻畢竟還是名義上的天下共主。周王如果接見了州吁，其他諸侯就得認賬，州吁的君位也就穩當了。

於是石厚又問：怎樣才能見到天子？

石碏說，通過陳國。陳君是天子的寵臣，又是我國的盟友。請陳國出面，天子一定賞臉。

州吁和石厚都以為然，決定照辦。

俗話說，天作孽，猶可說；自作孽，不可活。州吁和石厚都忘記了，石碏原本十分厭惡州吁。莊公在世時，他就曾力勸君上對州吁嚴加管教。石厚跟州吁鬼混，他也強烈反對，只不過屢禁不止。州吁和石厚找他拿主意，豈非有病？

當然，誰都沒有想到，石碏為了國家，竟會大義滅親。事實上，就在州吁和石厚興沖沖奔赴陳國時，石碏的密函已先期到達。石碏的信上說，衛國弱小，而老夫朽矣，無能為力。這兩個人，是大逆不道的弒君者。亂臣賊子，人人得而誅之。請貴國匡扶正義，將其拿下！

結果，州吁和石厚在陳國境內被就地正法。

當然，人是陳國抓的，卻是衛國殺的。按照當時的國際法，對這樣的罪犯，衛國不必引渡回國，但要派員行刑。為此，衛方派出了兩位監斬官。監斬州吁的是衛國的右宰，監斬石厚的是石碏的管家。

此後，衛人另立公子晉為君，是為衛宣公。

持續半年的衛國內亂，到此結束。

又殺了兩個

衛國內亂後不久，又有兩位國君死於非命。[6]

第一個是魯隱公。

魯，也是周代最早的封國之一，姬姓，始封之君是周公的長子伯禽，國都曲阜。從伯禽到隱公，共十三君。春秋，就是從隱公元年開始的。

隱公是惠公的兒子。據《左傳》，惠公至少有兩個兒子，兩位夫人。這兩位夫人，都是宋國的公主，一位叫孟子，一位叫仲子。子，是她們娘家的姓；孟和仲，是排行。孟就是老大，仲就是老二。孟子是沒有兒子的。她去世後，惠公又娶了仲子。仲子的兒子，就是後來的魯桓公。惠公另外還有一個女人，叫聲子。聲子的兒子，就是隱公。隱公的年紀比桓公大很多，卻不被看作嫡長子。由此推論，聲子應該是陪嫁，而且是孟子的陪嫁。[7]

陪嫁女的地位，當然很低。隱公自己，也很謙卑。惠公去世後，由於桓公年紀太小，就由隱公攝政。隱公自己，也清楚只是代理國君。這跟叔段或州吁，是相反的。看來魯國畢竟是周公之後，禮教的作用不小。

然而恰恰是這種謙恭有禮的態度，讓隱公招致殺身之禍，這又是為甚麼？

原因在魯國大夫羽父。

羽父是一個野心家，也是一個桀驁不馴的傢伙。公元前719年，州吁聯合宋國、陳國、蔡國伐鄭。宋國因為跟魯國有婚姻關係，便拉魯國加盟。魯隱公不想去趟這渾水，婉言謝絕，羽父居然硬是帶了隊伍去湊熱鬧。後來，羽父的權勢越來越大，很幹了些舉足輕重的事，野心也就膨脹起來。

於是羽父提出，他可以去暗殺隱公的弟弟，交換條件是讓他成為卿相。

羽父有這想法，並不奇怪。野心家總是會以為別人跟他一樣有野心的。事實上，按照宗法制度，擔任魯國國君的，原本確實應該是隱公的弟弟，因為他是嫡子。嫡子年幼，庶兄攝政，是可以的，但嫡子成年後要把政權還給他，除非他已不在人世。因此，如果隱公貪戀君位，他就會同意羽父的陰謀，或者暗許。

可惜隱公並無此意。

魯隱公說，我代理君位，只因為弟弟年幼。現在他長大了，我正要還政於他。我連養老的地方都安排好了。

這當然讓羽父大出意料，也膽戰心驚。他一方面在隱公的弟弟，後來的桓公那裏倒打一耙，誣陷隱公；另一方面則找機會下手，要置隱公於死地。碰巧，隱公是個迷信巫術的人。他為了祭祀巫神，進行齋戒，住在一位大夫家裏。於是，羽父便趁機派刺客謀殺了隱公，然後栽贓於這位大夫，殺了他們家幾個人了事。

魯隱公和這位大夫的家人，就這樣不明不白地死了。桓公甚至沒有按照國君的規格，為隱公舉行葬禮。

所謂"善有善報"，現在看來也未必。

魯隱公被弒，是在衛桓公被殺後七年，即魯隱公十一年（公元前 712 年）十一月。一年多後，宋國國君也被謀殺了。

宋，同樣是周代最早的封國，子姓，始封之君是殷紂王的庶兄微子啟，國都商丘。從微子到武公，共十二君。武公的女兒是仲子，即魯桓公的母親。武公的兒子，載入史冊的有兩個，一個叫力，一個叫和。武公去世，力繼位，這就是宋宣公。宣公去世，卻不傳位給太子與夷，要傳給弟弟和。宣公說，父死子繼，兄終弟及，這是天下的通義。於是，和三讓而繼位，是為宋穆公。

其實，周的規矩是父死子繼，兄終弟及則是商的。所以，宣公只是在繼承殷商的傳統。但同時，穆公也欠了哥哥一個人情。因此宋穆公臨終前，便不肯傳位給自己的兒子馮，要將君位還給哥哥宣公的兒子與夷。

宋穆公請孔父嘉做顧命大臣，也就是新君的輔佐，自己政治遺囑的執行人。

孔父嘉，是孔子的先祖。

宋穆公說，先君捨棄了與夷，讓位於寡人，寡人一天也不敢忘記。如果託大夫之福，寡人能壽終正寢，在天上見到先君，那時，先君問起與夷來，寡人該怎麼回答？因此懇請先生擁立與夷為君，寡人雖死無憾，永垂不朽。

孔父嘉說，群臣都主張立馮。

宋穆公說，不可以呀不可以！先君讓國於寡人，是認為寡人賢惠。如果不能讓國，那就辜負了先君的厚望，怎麼能說是賢？我尊敬而親愛的先生，請務必發揚光大先君的美德！

孔父嘉只好讓公子馮出國，住到鄭，然後擁立與夷繼位，是為宋殤公。

可惜宋殤公不爭氣。他在位十年，倒打了十一次仗，弄得民不聊生，民怨沸騰。宋國的太宰華父督（華讀如化）便在民眾中散佈流言蜚語，煽風點火，説戰事頻仍的罪魁禍首，就是管軍事的孔父嘉。造足輿論後，華父督發動兵變，殺了孔父嘉。宋殤公聞訊震怒，華父督乾脆連殤公也一起殺了，把公子馮從鄭國迎回宋國，立為國君，是為宋莊公。

華父督為甚麼要攻擊孔父嘉呢？

據説是因為有一次他在路上，與孔父嘉的妻子不期而遇，立即魂不附體，必欲奪之而後快。這事當然真假難辨。可以肯定的是，孔氏從此家道中落，最後不得不移民魯國。孔子算是魯國人，原因就在這裏。

這是第三起弒君的血案。

接二連三的弒君案，揭開了春秋的序幕；而魯國和宋國的內訌和內亂，則便宜了鄭國。魯桓公即位後，立即與鄭國成為合作夥伴，史稱"修好于鄭"。華父督迎回流亡在鄭國的公子馮，當然也是向鄭國表示友好。宋國原本是鄭國的死敵，常常與衛國聯手對付鄭國。魯雖然要算中立國，但羽父是帶兵參加了宋衛聯軍伐鄭的。現在宋和魯都轉變立場，鄭國就牛起來了。志得意滿的鄭莊公，便耗子腰裏別了桿槍，起了打貓的心思。

這隻貓，就是周桓王。

天子捱打

周桓王是自己送上門去捱打的。[8]

這事照理說原本不該發生，因為周與鄭關係非同一般。鄭，是西周最後一個封國，始封之君是周厲王的小兒子，被周宣王封為諸侯，是為桓公。桓公是鄭國的國君，也是周王的大臣，在幽王的時代曾經擔任周的司徒。那時，西周王室已經衰落，西方的戎狄卻很強大。桓公要勤勞王事，又不想國破家亡斷子絕孫，便聽從王室史官史伯的建議，從原來的受封之地遷到新鄭，國土疆域大約是今河南省北邊半省的中部。這就是春秋時期的鄭國。本中華史第四卷《青春誌》講到的夏姬，就是在那裏長大的。

這樣看，鄭應該效忠周。

同樣，周也應該善待鄭。因為東周王室能夠存活，主要靠的是兩個大國，這就是晉和鄭。晉在黃河北岸，鄭在南岸。晉國護衛着周的北面，鄭國護衛着周的東面。西邊的屏障，是虞和虢（虞在今山西省平陸縣，虢在今河南省陝縣）。南邊，則是申和呂（均在今河南省南陽市境內）。

這就是東周初年的形勢。後來晉國分裂，自顧不暇；楚國興起，南方不保。周王室的藩籬，就只剩下鄭和虢。

矛盾，由此而生。

虢，是周文王弟弟虢仲的封國，也叫西虢。另外還有東虢，是周文王弟弟虢叔的封國，後來被鄭國所滅，所以西虢就叫虢。東周初年，虢君似乎已經晉升為公爵，鄭君則是伯爵。但鄭國的綜合國力，顯然超過虢國。始封之君鄭桓公，則在西周滅亡時殉難。所以鄭的第二任國君武公，第三任國君莊公，都一直擔任周平王的卿士，作為王室重臣而大權在握。這時，是周與鄭的蜜月期。

然而不知何時，鄭莊公發現周平王對自己並不那麼信任，很可能會把一半的權力分給虢公。這讓莊公十分不快，平王則信誓旦旦地表示絕無此事。為此，周和鄭交換了質子。周的王子狐被送到了鄭國，鄭的公子忽則到周。

這是一件非常荒唐的事情。因為從法理上說，周王與鄭伯，是君臣關係。交換人質，則只能發生在諸侯與諸侯之間。

周平王這麼做，實際上是把自己降為諸侯了。王室的尊嚴和體面，大大受損。

魯隱公三年（公元前 720 年）三月十二日，周平王駕崩。繼位的桓王是平王的孫子，年輕氣盛，當真把一半的權力分給了虢公。這時的鄭莊公，論輩分是周桓王的叔爺爺，哪裏嚥得下這口氣？便決定給那小子一點顏色看看。四月，鄭國大夫祭仲帶兵割取了周王國地裏的麥子。秋天，又割走了周王國的穀子。前一次是在溫（今河南省溫縣），算是侵略了周的屬國。後一次則在成周（今河南省洛陽市境內），就騷擾到周天子眼皮底下了。於是周鄭結怨。

不過，結怨歸結怨，面子還得維持。三年後，鄭莊公朝見了周桓王，王室也保留了鄭莊公的職位，又過了兩年才正式任命虢公為卿士。實際上這時虢公和鄭伯，同為周卿士。具體地説，虢公為右卿士，鄭伯為左卿士。

但這絕不意味着周鄭和好如初，只不過雙方都有政治需要。周王室固然離不開鄭國的護衛，鄭莊公也想利用周王。身為王室重臣，至少打起仗來可以借用王命，甚至動用王師，這是鄭莊公很想要的。[9]

不過，既然是相互利用，那就要相互配合。然而桓王似乎不懂。他先是在鄭莊公朝見時不講禮貌，後來又侵犯了鄭國的實際利益，最後徹底剝奪了鄭莊公的所有權力。接替鄭莊公擔任左卿士的，是周公黑肩。

鄭莊公毫不客氣，拒絕再見周王。

周桓王也毫不客氣，率領聯軍伐鄭。

這是整個春秋時期天子御駕親征的唯一一例，時間是在公元前 707 年（魯桓公五年）秋天，地點是在長葛（今河南省長葛縣）。周軍這邊，桓王親自統率中軍；右軍統帥是虢公林父，後面跟着蔡國和衛國的軍隊；左軍統帥是周公黑肩，後面跟着陳國的軍隊。鄭公子突説，陳國國內動亂不安，他們的軍隊也沒有戰鬥意志。如果先進攻陳軍，對方一定亂作一團。

鄭莊公採納了公子突的建議，命令各部只要看見大旗一揮，就擊鼓進軍。結果豈止陳軍，就連蔡軍和衛軍也一起奔逃，周軍則一片混亂。鄭軍兩面夾擊，周軍大敗，桓王自己也被一箭射中了肩膀。

活捉桓王，只需舉手之勞。

然而鄭莊公卻表現出君子風度。他拒絕了下屬乘勝追擊的建議，不但任由桓王逃之夭夭，還派祭仲去勞軍，噓寒問暖，關懷備至，體貼入微。鄭莊公説，君子不為已甚，何況是欺凌天子？能保住江山社稷，就可以了。

鄭莊公很明智，他知道適可而止。

周王室卻威風掃地，體面不存。是啊，如果所謂“天下共主”，竟然不過戰敗國，還有甚麼資本和資格去號令天下？

莊公手下這一箭，拉開了新時代的帷幕。

霸主就要來了

周桓王與鄭莊公的長葛之戰，確實是一個標誌性事件。它標誌着舊的制度和秩序都已經難以維持，終將土崩瓦解。從天子到諸侯，從諸侯到大夫，所有的政治力量都將在激烈的動盪中重新洗牌，並誕生出新的國家制度。

這是一個漫長的過程，從春秋一直持續到戰國。

第一階段，是至強替代至尊。

甚麼是至強？甚麼是至尊？

還得從制度説起。

從西周到東周，我們民族實行的是“邦國制度”。邦國來自封建。封建，就是天子“封邦建國”，諸侯“封土立家”。具體地説，就是天子把天下劃為幾十個單位，封給諸侯。由此建立起來的，叫國，也叫邦國。諸侯又進行再分配，把國分成若干塊，封給大夫。由此建立起來的，叫家，也叫采邑。這就叫封建。

封建的結果，是產生了天下、國、家。家國合為一體，即邦國；邦國聯為一體，即天下。家是大夫的，國是諸侯的，天下是天子的，三級所有。但，天子只在名義上和權屬上是天下共主，邦國主權則由諸侯行使。天子自己，也有一個邦國，只不過地盤最大級別最高，是王國。其餘，則分別是公國、侯國、伯國、子國和男國。國以下的家，有治權無主權。主權在國，產權在天子（普天之下莫非王土）。可見，真正的政治實體和經濟實體，是邦國，因此叫邦國制度。

邦國制度中的周天子，是共主也是國君。只不過，他的邦國級別最高，王爵；本人地位也最高，共主。周王是人上人，周國是國上國，這就叫"至尊"。同時，他的實力也最雄厚。或者說，正因為實力雄厚，才成為天下共主，這就叫"至強"。也就是說，在西周，至尊和至強是合一的。

至尊和至強之下，是次尊和次強，這就是諸侯。再下，是次次尊和次次強，這就是大夫。從天子到諸侯再到大夫，地位和實力都遞減。因此，大夫臣於諸侯，諸侯臣於天子。當然，大夫也有臣。大夫之臣就是士，叫家臣。

家臣往往是大夫的家人，大夫則是他們的家君。家臣擁戴家君，就像星星圍繞月亮。於是大夫的家或采邑，就形成一個眾星拱月的結構。推而廣之，大夫擁戴諸侯，諸侯擁戴天子，也如此。或者説，天子是大月亮，諸侯是大星星；諸侯是中月亮，大夫是中星星；大夫是小月亮，家臣和家人是小星星。這樣一種三重模式的眾星拱月，就叫“封建秩序”。

由此可見，封建秩序要想維持，前提條件是尊卑強弱永遠不變。周王國永遠最強，大夫的采邑永遠最弱，諸侯國則從頭到尾都只有那麼一點規模，還大家都差不多。就算要發展，也得齊步走，比例不能失調。

這當然並不可能。

不可能的原因，在於所有的邦國，包括周王國在內，都是獨立核算，自主經營，自負盈虧。幾百年光陰過去，難免參差不齊。有的欣欣向榮，發展壯大；有的每下愈況，日薄西山，甚至資不抵債，面臨破產。

這時，按照叢林法則，弱肉強食的程序就會自行啟動。方式是兼併，手段則是戰爭。春秋時期的戰爭至少有二百多次，[10] 發動戰爭的也不僅是大國。比如莒（讀如舉），雖然小得可憐，卻也兼併了向國，而且是在春秋一開始。[11]

哈，大魚還沒開口，小魚就吃了蝦米。

實際上大國的兼併更是不勝枚舉。春秋頭半個世紀，鄭國就兼併了戴（讀如再，在今河南省民權縣），齊國也兼併了譚（在今山東省濟南市境內）、遂（在今山東省寧陽縣西北），楚國則兼併了息（今河南省息縣），還霸佔了息夫人。[12]

國與國之間，不再勢均力敵。

平衡打破了，社會開始動盪。

動盪的社會需要有人擺平江湖，而維持國際秩序，維護世界和平，原本是周王的義務。可惜此時，周天子也由活菩薩變成了泥菩薩。長葛之戰，就證明他是紙老虎。根本原因，當然是周王國的土地和人口不斷減少，導致經濟實力不斷下降。長袖者善舞，財大者氣粗。王室如果處處捉襟見肘，甚至要靠諸侯接濟，又怎麼硬得起來？至尊已非至強。能保全最後一點臉面，就不容易。

當然，周王的臉面，在春秋早期還是維護得很好。因為這臉面是旗幟，也是旗號，可以做虎皮，也可以當槍使。公元前714年（魯隱公九年）和第二年，鄭莊公伐宋，給出的理由便是“宋公不王”（宋殤公不朝見天子）。此即所謂“以王命討不庭”，當時的輿論認為很正當。[13] 其實，宋殤公固然沒把天子放在眼裏，鄭莊公又何嘗真正尊王？六年前，他不是派兵割走了周王的麥子和穀子嗎？

用不着揣着明白裝糊塗。誰都知道，再好的臉面，也不過自欺欺人。真正管用的，是實力；說了算數的，則是大國。於是大國崛起，小國站隊。小國需要的，是保護傘；大國想要的，是領導權。擁有號令天下的實際指揮權，成為國際社會的江湖老大和帶頭大哥，這就是“霸業”。成就了霸業的諸侯，是“霸主”。霸主之道，是“霸道”。霸道不是王道，霸主也不是共主，所以還得周天子在那裏支撐門面。所有的霸主，也都要打出尊王攘夷的旗號。但誰都心裏清楚，他們真正尋求的，是自己的政治利益。王室的臉面，不過是遮羞布。

遮羞布並沒有權威，哪怕再好看。一言九鼎的，將是相繼崛起的超級大國。

霸主即將誕生。

王權時代結束，霸權時代開始。華夏大地上，又將演出怎樣的戲碼？

齊桓公說，看見寡人的隊伍了吧？
以此眾戰，誰能禦之；以此攻城，何城不克？
楚帥則不卑不亢地回答：
君上如果以德服人，請問誰敢不服？
如果一定要用武力，
貴軍雖然人多勢眾，怕是沒有用武之地。

第二章

五侯爭霸

管仲相齊

管仲一箭射出去的時候，並沒有想到對面這個人，將會成為春秋第一位霸主。

那人自己，當然也沒想到。

還好，射中的是衣帶鈎。[1]

被射中衣帶鈎的人叫小白，也就是後來的齊桓公，當時是齊國的公子，齊襄公的弟弟。齊，跟魯、衛一樣，也是周代最早的封國，姜姓，始封之君是姜太公。從姜太公傳到齊襄公，已是春秋。襄公是個荒唐的傢伙。他跟他妹妹，大約很早就有了性關係。後來妹妹嫁到魯國，史稱文姜，丈夫是魯桓公。十五年後，桓公攜文姜訪齊，那兄妹二人居然再次上牀。[2]忍無可忍的桓公痛罵了文姜，文姜則一狀告到她哥哥兼情人齊襄公那裏。襄公的處理，竟是罔顧倫理道德和國際關係，派人謀殺了既是妹夫又是友邦元首的桓公，然後殺掉犯罪嫌疑人了事。[3]

這件事情的荒唐，不言而喻。齊國的霸道，魯國的尷尬，也不言而喻。事實上，桓公被殺後，魯國向齊國提出的外交訴求，也只是懲辦兇手，並不敢追究齊襄公的責任。相反，沒有了魯桓公這個障礙，齊襄公跟魯文姜的亂倫，更加肆無忌憚。他們的幽會，載入史冊的就有六次。甚至桓公屍骨未寒，莊公即位不久，文姜就跑回齊國去跟情郎哥哥做愛，根本不顧魯國的體面。[4] 可見當時的齊國已相當強勢。魯國除了忍氣吞聲，並不能有甚麼主張。

齊，原本就在黃河下游稱霸一方。但真正成為超級大國，卻得歸功於管仲。

管仲是春秋第一位大政治家。

後來擔任齊相的管仲，原本是齊襄公弟弟公子糾的師傅。公子糾的師傅還有召忽，小白的師傅則是鮑叔牙。公子糾和小白是兄弟，管仲和鮑叔牙是朋友。鮑叔牙早就看出襄公做事荒唐，齊國必有內亂，便提前護送小白去了莒國，糾則在內亂後逃到了魯國。魯莊公八年（公元前 686 年）十一月七日，齊襄公被堂弟公孫無知謀殺。第二年春，篡位的公孫無知也被國人殺死，齊國出現權力真空。於是，鮑叔牙陪

◎與齊襄公和齊桓公相關的人物關係圖

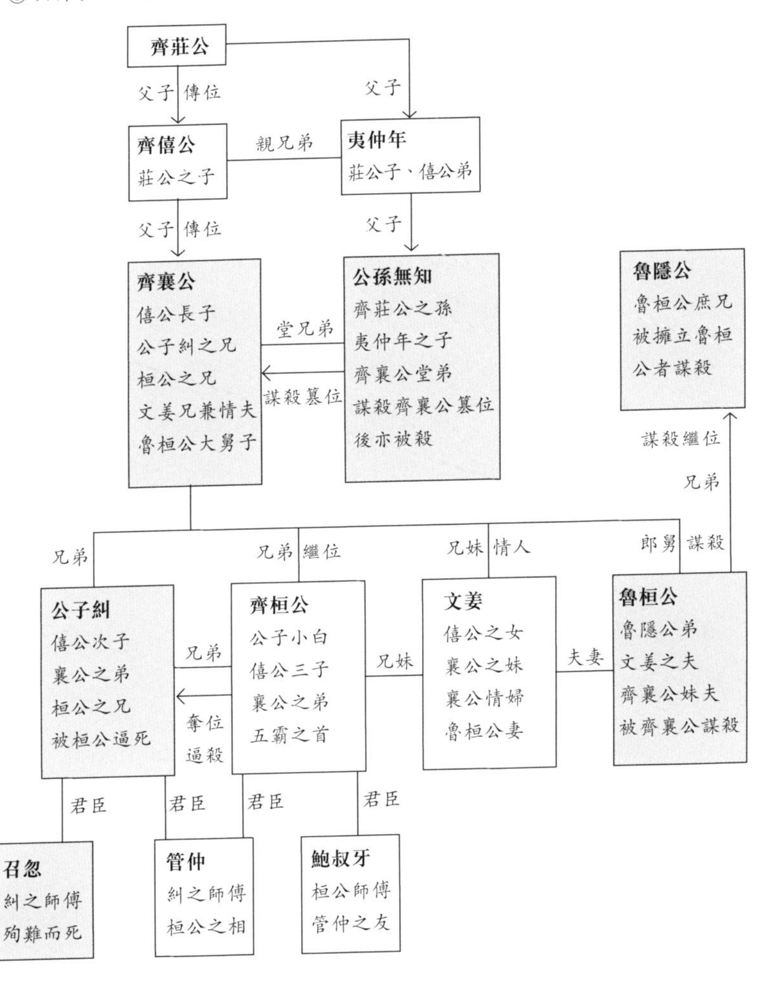

弄清楚了本圖所示人物關係和人物命運，就知道當時已是怎樣的君不君、臣不臣、兄不兄、妻不妻，有多少人死於非命（見灰色部分）。

着小白，召忽和管仲護着公子糾，回國爭奪君位。管仲那一箭，就是他和小白狹路相逢時射出的。

君位之爭的結果，是公子糾失敗被殺，召忽殉主自殺，都成為政治鬥爭的犧牲品。小白勝出，回國即位，齊國進入了桓公時代。

齊桓公可不像他的妹夫魯桓公。魯桓公窩囊，[5]齊桓公雄霸。他不但不記管仲那一箭之仇，反倒委以重任。管仲也不負厚望，在政治、經濟、軍事和外交四個方面厲行改革，終於讓齊大國崛起，一舉成就了桓公的霸業。

那麼，管仲的霸術是甚麼？

軍政一體。

管仲的政治策略，是先安內後攘外，先定國後稱霸。治國方略，則是全國一盤棋，先區分士農工商，再區分國都郊野。國都住士和工商，郊野住農。但無論是士，還是農工商，都必須嚴格按照行業和身份居住，不能雜居，也不能遷徙和變更職業。這可能是中國最早的戶籍制度，還是最嚴厲和最不講理的。

住在郊野的農民三十家為一邑，每邑設一有司。十邑為一卒，每卒設一卒帥。十卒為一鄉，每鄉設一鄉帥。三鄉為一縣，每縣設一縣帥。十縣為一屬，每屬一位大夫，一位屬正。屬的下級是縣，縣的下級是鄉，鄉的下級是卒，卒的下級是邑。邑，是最基層的政權。邑由有司管理，向卒帥負責；卒由卒帥管理，向鄉帥負責；鄉由鄉帥管理，向縣帥負責；縣由縣帥管理，向屬大夫負責。屬由大夫管理，屬正監理，直接向國君負責。全國五屬，五位屬正，五位屬大夫，是國君的問責對象。屬管縣，縣管鄉，鄉管卒，卒管邑，一個中央集權層層問責的金字塔管理體系，便建立起來了。

國都則分成二十一個鄉。其中六個安置工人和商人，叫"工商之鄉"。另外十五個住士人，叫"士鄉"。士鄉五家為一軌，十軌為一里，四里為一連，十連為一鄉。這十五個士鄉，國君和兩位上卿（國子、高子）各管五鄉。他們的問責對象，是鄉大夫。每鄉一個，共十五個。

國君和國子、高子管理的十五個鄉，都是士人之鄉，所以每家要出一個人當兵。當兵在春秋，是士人的義務，也是士人的權利，甚至是他們的特權，堪稱責無旁貸。因此，士鄉的行政建制，很容易就能變成軍事編制：五家為軌，五個戰士，這就是伍，伍長即軌長。十軌為一里，五十個戰士，這就是小戎（戰鬥隊），戎長（隊長）即里有司。四里為一連，二百個戰士，這就是卒，卒長即連長。十連為一鄉，兩千個戰士，這就是旅，旅長即鄉大夫。五鄉一萬個戰士，這就是軍。十五個鄉三萬戰士，這就是三軍。三軍軍長，就是國君、國子、高子。國君將中軍，國子將上軍，高子將下軍。國君

◎管仲設計的齊國行政管理系統

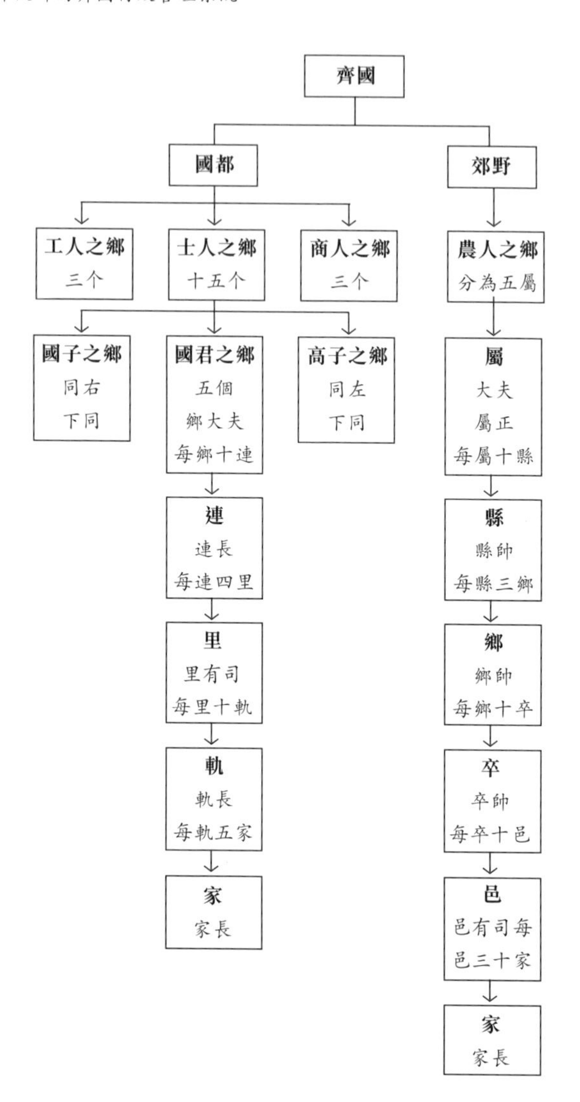

◎管仲設計的軍政一體制度

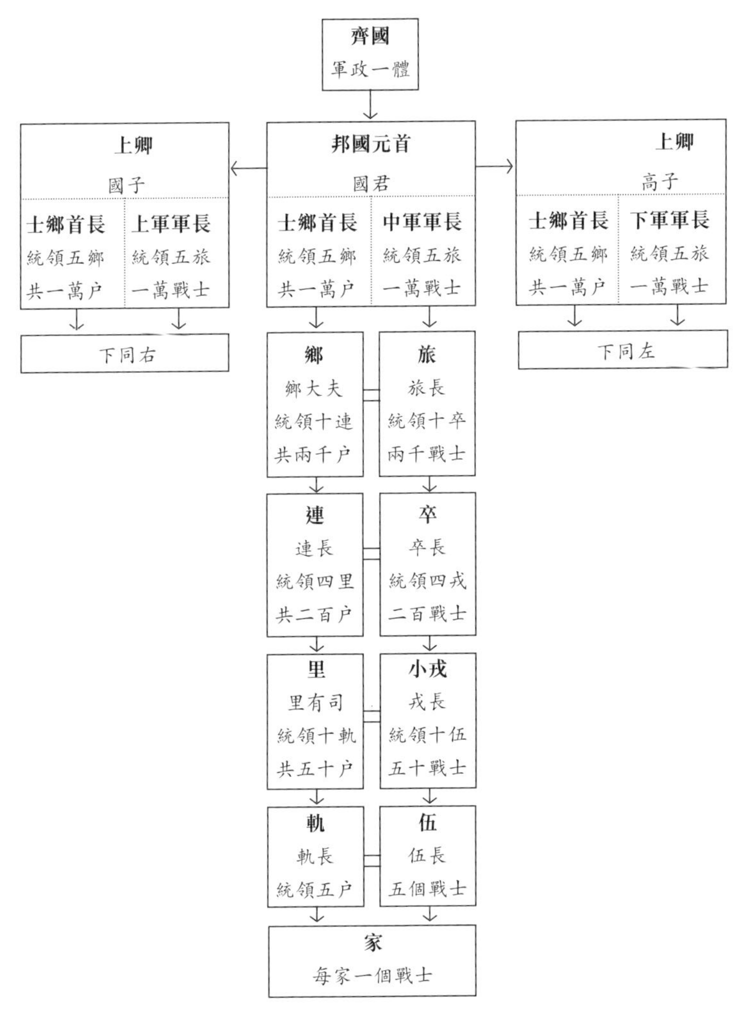

看明白這張圖，對軍國一體和軍政一體，應當會有更深刻和更直觀的理解。中央集權的思想，在這裏萌芽了。

和兩位上卿，既是十五個士鄉的最高行政長官，也是來自這十五個鄉之三軍將士的最高軍事長官。

這就叫“作內政而寄軍令”，是管仲最重要的政策。按照這個軍政一體的制度，卒伍一級的小部隊在居民區內便可訓練，軍旅一級的大部隊在城郊之外便可集結。何況管仲還規定，士人一旦劃定居住範圍，就不准遷徙。鄰里之間，更必須守護相望，有福同享，有難同當。管仲認為，由此人與人相伴，家與家相依，打起仗來，就不但不會行伍錯亂，而且能保證同仇敵愾。難怪管仲不無得意地對桓公說：君上以此精兵三萬橫行天下，請問哪個能夠阻攔？[6]

顯然，這是一種保甲制度，也是一種軍國主義，是不折不扣的霸道。尤其是不准人民自由遷徙和變更職業，很明顯是在侵犯人權。但桓公既然要成就霸業，當然只能講霸道。人道也好，王道也罷，都只能束之高閣。至於如何發展經濟，充實戰備，開展外交，便都不過技術問題。

尊王與攘夷

解決技術性問題，管仲有的是辦法。

沒錯，管仲確實是管理天才和治國高手。他的方案，差不多都是統籌兼顧的。比如春秋兩季的狩獵，就既補充了給養，又訓練了軍隊，豈非一舉兩得？

刑法的改革也如此。為了解決兵甲不足的問題，管仲制定了"兵器贖罪"的條款，價碼是：重罪，一副犀牛皮盔甲，一柄戟；輕罪，一副普通牛皮盔甲，一柄戟；小罪，罰款；打官司，訴訟費為一束箭。[7] 這可真是官民兩利。以前，重罪要判死刑，輕罪要砍手腳，小罪要捱鞭子。現在，只要購買或打造兵器就可以贖罪，人民當然高興。國家充實了兵備，節省了軍費，也高興。更何況，盡可能地減少殺人和動刑，還能博得仁慈和王道的美譽，豈非名利雙收？

經濟改革的要點，也在富國強兵。最重要的措施，是由國家統治經濟。比方說，改革稅制，免除關稅，促進經濟發展；加強鹽鐵管理，實行鹽鐵專營，增加國庫收入；鑄造統一錢幣，對市場和物價進行宏觀調控。當然，管仲也毫不客氣地宣佈了國家對礦山、森林、湖泊、海洋的壟斷。但，他並不主張創辦國營鹽場或國營鐵廠。他的政策是國有民營。生產和銷售是民間的事，國家的權力和職能是壟斷資源，控制價格，甚至為了控制價格而控制產量。[8]

也許，唯獨一個行業有"國企"，這就是色情業。有學者認為，管仲很可能是"國營妓院"的創始人。齊國的妓院叫"女閭"，分為七個門市部，每個門市部妓女百人。開設的時間，據說比古希臘的梭倫還早了五十年。不過，梭倫的目的，主要是解決性需求和減少性犯罪；管仲的目的，則可能是增加國庫收入，籠絡天下人才，甚至招待各國使節。總之，此例一開，諸侯紛紛仿效。難怪燕太子丹能"美女恣荊軻所慾"了，沒準他自己就是"媽媽桑"。[9]

當然，國際關係並不能靠妓女來擺平。管仲的策略，是"以恩惠換擁戴，以土地換和平。"具體地說，就是將過去齊國侵佔的城邑歸還各國，再加上頻繁的請客送禮。據說，這樣做的效果是"四鄰大親"。[10]

管仲認為，有了經濟、軍事和外交的條件，齊國就可以出兵了。槍桿子裏面出政權，也出威望。做江湖老大，當國際警察，不出兵是不行的。不教訓幾個調皮搗蛋的傢伙，也是不行的。攻打的對象，當然首先是弱國。如果那邦國既弱小又不聽話，更好。但公開的說法，則是"擇天下之甚淫亂者而先征之"。[11] 稱霸中原畢竟不是小混混打群架，豈能說"吃柿子揀軟的捏"？

師出必須有名。要想成就霸業，比霸術更重要的，是霸道，是政治綱領。

那麼，管仲打出的旗號又是甚麼？

尊王攘夷。

實際上，尊王和攘夷，原本是同一件事。因為王室不尊，很大程度上是由於夷狄太強。起先最強悍的，是犬戎，他們在商代叫鬼方。西周滅亡，就因為犬戎攻陷鎬京，追殺幽王於驪山之下。定都洛陽的平王無力收回失地，便把淪陷區封給他的一位西垂大夫。這位大夫也不辱使命，果然收回王畿的西半，並把那裏變成了秦國。他自己，則成為秦國的第一任國君，是為秦襄公。

這件事情對中原各國的刺激，是相當大的。這些國家大都是夏商周之後，自稱夏、諸夏，也稱華、華夏。華，就是光，也是美；夏，就是大，也是雅。華夏，就意味着文明；

夷狄，則意味着野蠻。文明人，是羞與野蠻人為伍的，更不要說甘拜下風。攘夷，應是華夏諸國的共同願望。

何況進入東周後，夷狄屢屢進犯，諸夏不堪其擾，只不過入侵者不是戎，是狄。據統計，公元前 662 年至公元前 595 年間，受狄人侵略者，齊七次，衛六次，晉五次，魯兩次，邢、宋、溫、鄭、周各一次。其中，受害最甚的是衛，被迫兩次遷都。次為邢，遷都一次。周也慘，成周淪陷，天子出逃。後來衛和邢，都靠齊桓公出手相救，才倖免於亡國。周襄王則靠晉文公出手相救，才得以復國。霸主的意義，這樣一說就很清楚。[12]

事實上齊桓和晉文這兩代霸主，最受後世肯定的就是攘夷。比如孔子的兩個學生子路和子貢，都曾問過同一個問題：齊桓公逼魯國殺了公子糾，糾的一位師傅召忽殉主自殺，同為師傅的管仲不但不死，還轉變立場去輔佐桓公，這個人不仁吧？孔子卻斬釘截鐵地回答：當然仁！當然仁！如果沒有管仲，我們都會披頭散髮，衣襟往左邊開，變成野蠻人了！[13]

孔夫子說得並不錯。沒有齊桓和晉文，我們民族的歷史確實可能會重寫，儘管重寫也未必就一定不好。

總之，攘夷在當時，是華夏各國的政治需要，也是文化需要。因此，霸主的橫空出世，是順應潮流的。就連秦穆公，之所以成為"春秋五霸"的候選人之一，恐怕就因為他最終完成了對犬戎的征服。

攘夷就要尊王。只有把周天王的旗幟高高舉起，諸夏內部才能團結。內部團結，才能一致對外。因此，華夏各國雖然心懷鬼胎互不相讓，但沒有一個人膽敢反對尊王。齊桓公稱霸的葵丘之會，晉文公稱霸的踐土之盟，先後兩位霸主對天子也都極盡恭敬之禮。結果，霸權時代的周王原本實力盡喪，表面上反倒威風八面，出盡風頭。

這真是太具戲劇性了。

但更戲劇性的，則還是一個蠻夷之邦在南方悄然崛起，並加入到爭霸中原的行列裏來。

這個蠻夷之邦，就是楚。

蠻夷之邦：楚

楚人是蠻夷嗎？

好像是。

蠻夷，是相對於中國而言的。中國，就是中央之國，或中原之國。本中華史第三卷《奠基者》說過，當時人們的世界觀，是天圓地方。半球形的天扣在正方形的地上，叫“普天之下”，簡稱“天下”。正方形的上下左右，是四個海，東西南北各一個，叫“四海”。人類居住的地，在四個海的當中，叫“四海之內”，簡稱“海內”。海內或天下的正當中，叫“中國”，即天下或四海之中的邦國。住在中國的，是諸夏或華夏。東西南北的“非華夏民族”，細分則東曰夷，南曰蠻，西曰戎，北曰狄；統稱則叫夷，或蠻夷，或夷狄。所

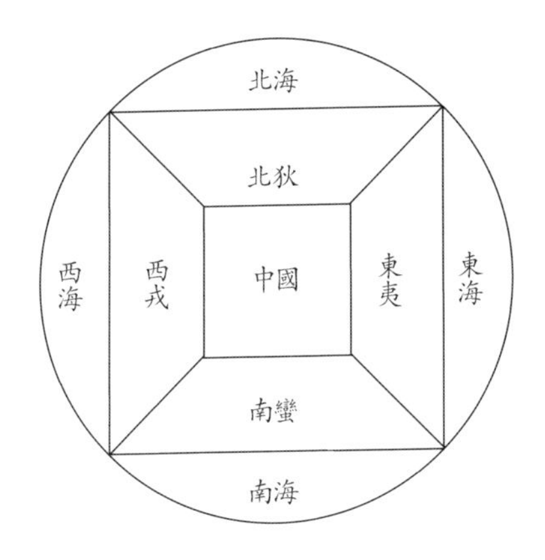

◎天圓地方。圓形之內叫天下，方形之內叫海內，方形之中叫中國。

謂"攘夷"，便包括了東夷、南蠻、西戎、北狄。

華夏與蠻夷或夷狄，差別主要在生活方式。按照《禮記·王制》的說法，東夷和南蠻"不火食"，即不吃熟食，生吞活剝；西戎和北狄"不粒食"，即不吃糧食，只吃肉類。至於服飾，東夷"被髮文身"（被讀如披，意思也是披），即披頭散髮，身上刺青；南蠻"雕題交趾"，即額頭刺青，光着腳丫；西戎"被髮衣皮"，即披頭散髮，不穿絲綢或麻布，披獸皮；北狄"衣羽毛穴居"，也是不穿絲綢或麻布，還住在洞穴裏。其實還有吳和越，是"斷髮文身，裸以為飾"，[14] 即剪斷頭髮，身上刺青，不穿衣服。

顯然，華夏與非華夏民族的差異，是文化的。但在當時"中國人"眼裏，卻等於開化和不開化，文明和野蠻。

這並非沒有道理。

事實上，用火、農耕、養蠶業和紡織業，都意味着生產力的進步。用火則熟食，農耕則粒食，養蠶則衣帛，紡織則衣布。因此，茹毛飲血，不吃糧食，不穿衣服，身披獸皮，不會蓋房子，都是落後的表現。至於文身和刺青，則是原始時代的風氣。所謂“被髮文身，以象麟蟲”，[15] 正說明這些民族還停留在生殖崇拜或圖騰崇拜階段，沒有跨入文明的門檻。

文明是對野蠻的鎮壓，而這種進步是要有標誌的。對於華夏民族來說，這個標誌就是束髮。因為對頭髮的約束，即意味着對自己的約束，而且是道德的約束。因此，斷髮和披髮，都是不文明的，甚至不道德。赤身裸體和刺青文身，也如此。因為要顯露刺青和文身，就不能穿衣服；而如果一絲不掛，暴露無遺，則體面何在，體統何存？

蠻夷，豈非不開化的野蠻人？

於是一種文化上的優越感，便在華夏民族心中油然而生。正是這種文化優越感，讓中原諸夏以居高臨下的態度看待周邊民族，包括蔑視楚。

楚人的來歷，現在已經說不清了。所謂“楚之先祖出自帝顓頊高陽”，是靠不住的。司馬遷自己，也說他們“或在中國，或在蠻夷，弗能紀其世。”比較靠得住的，是楚人的先君熊繹帶兵參加了武王伐紂的戰爭，被封在“楚蠻”，號稱“楚子”。子，未必就是子爵，反倒可能是“蠻夷之君”的意思。事實上《春秋》一書中，蠻夷或夷狄的酋長或國君，可是一律都稱為“子”的。

由此可見，楚人雖然在西周初年就與中國發生關係，卻並不被看作諸夏。楚人自己，也以蠻夷自居。楚的國君熊渠和熊通，就公開說：“我蠻夷也”。他們這樣說，目的是要稱王。因為華夏各國的國君，只能稱公稱侯。能稱王的，只有周天子。於是熊渠便說：“我蠻夷也，不與中國之號謚。”意思也很清楚：我們楚人既然是蠻夷，憑甚麼要按照你們中國的規矩來？熊通則更不客氣，乾脆自稱武王，公然與周人的祖宗平起平坐，完全不把天下共主放在眼裏。[16]

這樣看，尊王攘夷，楚也是重點打擊對象。他們來爭霸，豈非天大的笑話？

可惜這是事實。

我們知道，所謂“春秋五霸”，歷來就有各種說法。但無論哪種說法，都有齊桓公、晉文公和楚莊王。可見楚為春秋時期的霸主國，並無爭議。實際上春秋剛剛開始，中原諸夏就已經感到了楚國的威脅。為此，鄭國和蔡國在鄧（疑在今河南省漯河市境內）舉行了盟會。這時的鄭君是莊公。以鄭莊公之強，尚且懼楚如此，其他諸夏可想而知。[17]

鄭莊公的恐懼是有道理的。因為這時的楚君，正是自稱武王的熊通。這時的楚國，則正蒸蒸日上。他們早已控制了漢水流域和長江中游，視周邊小國和蠻族部落為盤中餐、囊中物，對中原沃土也垂涎三尺，覬覦已久。武王在世時，漢水沿岸姬姓諸國便被楚人吞併已盡。他的兒子楚文王繼位後定都郢城（今湖北省荊州市），又先後滅掉申國（姜姓，在今河南省南陽市）、鄧國（曼姓，在今湖北省襄陽市）、息國（姬姓，在今河南省息縣），征服蔡國（姬姓，此時在今河南省上蔡縣），把勢力範圍擴大到了鄭國的家門口。

楚人似乎也不放過鄭國，因為鄭國是中原的樞紐和門戶。於是，從文王到成王，楚人五次伐鄭，非逼得他們跟自己親善不可。最後一次，鄭文公幾乎就要扛不住了，打算向楚國投降。想當年，鄭莊公與蔡國結盟，就是為了對付楚國。現在蔡國成了楚人的馬前卒，他們還能依靠誰？

齊桓公。

不戰而霸

鄭國遭楚攻擊兩三個月後，齊桓公出手了。

楚成王伐鄭，是在魯僖公三年（公元前 657 年）冬。第二年正月，齊桓公便聯合魯、宋、陳、衛、鄭、許、曹組成八國聯軍，浩浩蕩蕩殺了過來。他們的做法，仍然是“吃柿子揀軟的捏”，先拿投降了楚人的蔡國開刀。可憐那蔡，原本就是小國，當然不堪一擊。打敗了蔡國的聯軍乘勝前進，準備攻打楚國。

楚成王聞訊，便派了一個大使去交涉。

成王的照會很有名，是這麼說的——

君處北海，寡人處南海，唯是風馬牛不相及也，不虞君之涉吾地，何故？

這話說得很客氣，很委婉，很文雅，也很強硬。所謂“風”，就是雌雄相誘。動物發情時，雌性會散發特殊的氣味，像風一樣，雄性聞到就跑過去了。所以楚國的照會，翻譯過來就是：君上您住在老北邊，寡人我住在老南邊。貴我兩國相距千里，哪怕是牛和馬談戀愛，也跑不了那麼遠啊！沒有想到君上您卻大駕光臨，來到敝國，請問這是為甚麼呢？

顯然，這是在譴責齊國師出無名。齊國這邊，管仲卻代桓公回答說，我們出兵，是得到了授權的。你們該進貢的茅草沒有到位，影響了王室的祭祀，所以寡人要來征討。昭王南巡到了漢水就沒有回去，所以寡人要來問問。

管仲的回答貌似有理，其實不然。得到授權？請問誰授的？管仲說是召公奭（召讀如紹，奭讀如是）。授權給誰？管仲說是太公望，也就是姜太公。他們是甚麼時候的人？周初。此刻是甚麼時候？春秋。這個授權，是不是也太久了一點？更何況，有當今天子的授權嗎？沒有。

攻打楚國的兩條理由，也站不住腳。沒錯，當時諸侯各國，名義上都對周天子有義務。楚國的義務，是進貢一種茅草，以便祭祀的時候用來濾酒。這種茅草很久沒有進貢，大約是可能的。但在春秋時期，許多諸侯都不怎麼把天子當回事，這種事情也多了去，憑甚麼專拿楚國開刀？至於周昭王，是西周第四任天子。他南巡來到漢水時，漢水的人很討厭他，就在過河的時候給了他一條漏船。這事早已過去三百多年，齊國現在來算甚麼賬？

顯然，甚麼“爾貢包茅不入”，甚麼“昭王南征而不復”，都是藉口。但在外交場合，不能把話說穿。於是楚使就說：過濾紙忘了送去，這是敝國寡德之君的罪過，今後豈敢不送？至於昭王為甚麼沒有回去，請問問漢水之濱好了。

這就談不攏。只能各自回去，準備打。

戰爭的準備用了兩三個月的時間。齊國的聯軍繼續前進，楚軍的統帥也來到陣前，並前去拜見齊桓公。桓公為了表示禮讓，下令聯軍從楚國的北塞陘（讀如刑，其地不詳），後退到召陵（其地亦不詳），並建議先搞一次閱兵式。

於是兩人同坐一輛戰車檢閱部隊。

退兵和閱兵，都是姿態。桓公的意思很清楚：只要承認齊國是老大，事情都好商量。因此一開始，他就先唱高調，說這次起兵不過為了兩國永遠友好。楚帥也放低身段，說那正是寡君的願望。但，當桓公耀武揚威，聲稱“以此眾戰，誰能禦之；以此攻城，何城不克”時，楚帥就寸步不讓了。

楚帥的回答不卑不亢：君上如果以德服人，請問誰敢不服？如果一定要用武力，那麼本帥也可以稟告君上，我們楚國以方城山為城牆，以漢水為護城河。貴軍雖然人多勢眾，怕是沒有用武之地。

話說到這個份上，就只能各自算賬。

齊國很清楚，楚國並不好惹。硬要開戰，至多殺敵一千自損八百，說不定還兩敗俱傷。楚國也很清楚，齊國要稱霸，是擋不住的，自己也沒資格爭，不如做個順水人情。最後，兩國簽訂盟約，各自收兵。

盟約的內容並未載入史冊，已不可考。但楚人承認對周天子負有義務，承認"貢之不入，寡君之罪也，敢不共(供)給"，尊王的目的就達到了。楚人暫時不再對鄭國死纏爛打，放慢進犯中原的步伐，攘夷的目的也算達到。方方面面都交代得過去，齊桓公當然見好就收。[18]

然而桓公的霸業之基，卻由此奠定。五年後，齊桓公在葵丘(其地當在今河南省蘭考縣)與宋、魯、衛、鄭、許、曹六國結盟，周襄王派人祝賀，史稱"葵丘之會"，是齊國稱霸的標誌。[19]

顯然，沒有前面的召陵之盟，就沒有後來的葵丘之會，因此前者歷來被看作桓公的得意之作，也被看作稱霸中原的經典案例。一百一十六年後，楚靈王徵得晉國同意，召開諸侯大會意欲稱霸，仍表示要以召陵之盟為榜樣。[20]

可惜，這榜樣十分經不起推敲。

最值得注意的，是這次盟會，秦晉兩國都沒參加。這兩個超級大國缺席，霸主的地位和盟約的價值，便要大打折扣。說白了，齊桓公不過半壁江山的霸主。他的成就霸業，也有太多的機緣巧合。正如司馬遷所說，當時王室衰微，晉國內亂，秦穆公敬而遠之，楚成王又讓了一步。[21] 所以齊桓的爭霸，其實是“不爭之霸”。真正的爭霸，是後來的晉楚兩國。那才是一部春秋史的主旋律。其間，包括宋襄公的圖霸業，秦穆公的霸西戎，都不過小插曲。

那就來看晉楚之爭。

真霸主晉文

開創晉國霸業的，是文公。[22]

如果說齊桓公是“不戰而霸”，那麼，晉文公便是“一戰而霸”。[23] 這場戰爭，就是城濮之戰。這在春秋時期，當然不是第一次戰爭，卻是第一次大戰。但開戰和結局，卻似乎在計劃外。

戰爭的起因在宋國。

宋，也是一度想稱霸的。在城濮之戰十一年前，齊桓公去世，他的五個兒子為爭奪君位打成一團，齊國和諸夏同時失去重心。宋襄公便做夢要吃天鵝肉，自說自話地擺出霸主的譜來。結果，卻是在盟會中被楚軍俘虜，後來又因泓之戰受傷而死，只在歷史上留下了可能是五霸之一的虛名。[24] 圖霸不成的宋，也只好歸順了楚國。

然而就在宋成公到楚國朝見楚成王的同時，周襄王的弟弟王子帶叛亂，僱傭狄軍伐周。東周京城被狄軍和叛軍攻破，避難鄭國的周襄王向秦晉兩國求援。這時的晉文公雖然才剛剛即位一年多，卻立即擔負起天下的興亡。他辭謝了駐紮在黃河邊的秦國軍隊，帶兵順流而下，在很短的時間內就一舉打敗狄軍，消滅叛軍，把周襄王送回了王城。

如此尊王、攘夷、平叛，是只有霸主才能做到的事情，不能不讓宋人刮目相看。於是宋國僅僅依附了楚王兩三年，就變卦反水，成為晉國的同盟。氣焰正旺的楚人，當然不能容忍這等叛徒。成王立即命令他的令尹和司馬出兵，並在第二年親自出馬，聯合陳、蔡、鄭、許四國軍隊圍宋。

宋國告急。

接到求援信的晉文公拍案而起。事實上，宋國捱打，原本因為他們"叛楚即晉"，這是理；當年文公身為落難公子流亡國外，一路走來，衛文公無禮，曹共公無禮，鄭文公也無禮，宋襄公卻送給他車馬二十乘（讀如秤），[25] 這是情。所以，宋國大難臨頭，晉文公重耳於情於理都不能坐視不管。

當年追隨文公四處流浪的一班文武老臣，也很以為然。他們甚至認為，揚名立萬，成就霸業，正在此一舉。因為報恩和救難，是得人心的。至於策略，則是討伐曹國和衛國。

曹國剛剛依附楚國，衛國則方與楚人結為婚姻。這兩個小弟捱打，做大哥的楚人必救，宋即解圍。何況曹和衛都曾無禮，不打他們，打誰？

文公然其計。為此，他將父親晉獻公當年建立的上下二軍，擴充為上中下三軍。魯僖公二十八年（公元前 632 年）春，晉文公侵曹伐衛。心驚膽戰的衛成公請求結盟，晉國不同意；想去討好楚人，本國不同意。衛國人甚至驅逐了他們的這位國君，來取悅晉國。曹共公更慘，被攻入曹都的晉軍活捉。就連魯僖公也嚇破了膽，竟然殺了派去保衛衛國的大夫，以此向晉國獻媚。

然而楚軍卻並沒有從宋國撤離。

宋國再次告急。

晉文公審時度勢，設法讓齊國和秦國加入了戰爭。楚成王也審時度勢，決定退出。他對令尹子玉說，晉侯這個人，在外流浪十九年，甚麼苦沒吃過，甚麼事沒見過？老天爺給了他年壽，又給了他晉國。上天所賜，拿得掉嗎？算了吧！離開宋國，也不要去追逐晉軍。

可惜子玉是一個“剛而無禮”的傢伙。他一再請戰，定要與晉人決一雌雄。

晉軍卻撤退了。

撤退是有原因的，也是有道理的。因為晉文公重耳流亡時，不但受過宋襄公的恩典，也受過楚成王的款待。當時成王曾問重耳：公子如果回國為君，準備拿甚麼來報答不穀（楚王自稱）？重耳說，奴僕、姬妾、犧牲、玉帛，君上有的是；翡翠、犛牛、象牙、犀皮，貴國之所產。重耳能夠報答的，大約也就是將來兩軍相遇時，退避三舍。如果退兵九十里後，君上仍然不肯寬恕重耳，也只好左手提馬鞭彎弓，右邊挎弓袋箭袋，與君上周旋。

此刻，晉文公就是在履行諾言。

言而有信，就理直氣壯；後退一步，則海闊天空。兩軍還沒開戰，晉人就已經佔了上風。然而子玉卻不懂這道理。他不顧眾人反對，一路追到了城濮（衛地，在今山東省范縣），與晉、齊、秦、宋聯軍對陣。

四月二日，城濮之戰爆發。時間是一天，結果是楚軍潰敗。楚成王聞訊，派人捎信給子玉說：大夫您如果回國，不知如何向父老鄉親交代？

於是子玉自殺。

大獲全勝的晉文公來到鄭地踐土（今河南省原陽縣與武陟縣之間），與齊、宋、魯、蔡、鄭、衛、陳七國之君會盟，史稱“踐土之盟”。想當年，齊桓稱霸的葵丘之會，周襄王只是派人賜以胙肉（胙讀如做，祭祀祖宗的肉）。踐土之盟，則不但襄王親自到場，還冊封晉文公為“侯伯”，即諸侯之長。這可是既有文獻記載，又有文物為證的。[26]

眾星拱月，有證上崗，晉文堪稱“真霸主”。

然而歷史卻仍在這裏留下了伏筆，那就是秦國沒有與盟。[27] 我們知道，城濮之戰，秦國可是同盟軍。為甚麼一個半月後的踐土之盟，[28] 同為戰勝國的秦卻不參加呢？難道秦穆公也是要爭霸的？難道秦晉兩國遲早要反目？

正是。

準霸主秦穆

秦穆公也是春秋五霸的候選人。

為甚麼說是候選人？因為對於所謂“五霸”，歷來就有不同的說法。一種是齊桓公、晉文公、楚莊王、吳王闔閭、越王勾踐，見於《荀子・王霸》；另一種是齊桓、晉文、秦穆、宋襄、楚莊，見於《風俗通・五伯》。

可惜這兩種說法，都不靠譜。

事實上所謂“五霸”，原本就是湊數。湊成五霸的原因，則是前有所謂“三王”（夏禹、商湯、周文）。有三王，就得有五霸，以表示今不如昔。有了三王五霸，則又編造出三皇五帝。三皇、五帝，三王、五霸，三五成群，看起來像那麼回事，實際上並不是那麼回事。比如宋襄公，身敗名裂，怎麼算得上一霸？吳王闔閭和越王勾踐，既在春秋晚期，又都偏於一隅，豈能與齊桓、晉文相比？

倒是秦穆公，可以一說。

秦穆公的身影，早已在本中華史第四卷《青春誌》中頻頻出現。把公子夷吾送回晉國為君的，就是他和齊桓公。時間，則在葵丘之會的同一年。可見那時的霸主雖然是齊桓公，但秦穆公也可以算作"副霸主"的。等到晉惠公夷吾駕崩，齊桓公也已經去世，立公子重耳為晉君的，就只有秦穆公了。

因此，秦穆公是晉文公的恩人，而且是大恩人。也因此，晉文公終其一生，都不肯與秦穆公發生衝突。儘管魯僖公二十九年秦晉聯手伐鄭時，秦穆公曾單方面撕毀協議，由助晉而改為助鄭。這個故事，《青春誌》也講過。

但，文公之後，就兩樣。[29]

魯僖公三十二年（公元前 628 年），晉文公重耳去世。秦穆公趁着晉人國內有喪無暇旁顧，派出百里孟明視（百里是氏，孟明是字，視是名）、西乞術、白乙丙三員大將東征，準備偷襲鄭國。不過這個局，卻被鄭國商人弦高給攪黃了。弦高販貨到周，路遇秦軍，一眼看破他們的用心，便一面冒充鄭國使節到秦營勞師，一面派人回國報信。鄭穆公聞訊，又派人到賓館對秦國的臥底說，諸位在敝國住得很久了，要不要到園子裏打些麋鹿帶回去？孟明視見鄭國已有防備，只好改變計劃，滅了滑國（姬姓，在今河南省偃師縣境內），班師回朝。

這事引起晉人的同仇敵愾。他們痛恨秦國"不哀吾喪，而伐吾同姓"（晉和鄭、滑都是姬姓），決定在秦軍的歸途進行伏擊。繼位的晉襄公披麻戴孝，把白色的喪服染成戎服的黑色，親自率部痛擊來犯之敵，全殲秦軍，俘獲孟明視、西乞術、白乙丙，這才回國安葬文公。據說，晉國的喪服從此變成黑色。

三員大將，很可能會血濺軍鼓。

救了他們一命的是文嬴。文嬴是秦國公主、文公夫人、襄公嫡母、當朝老夫人。於是她便以這四重身份對晉襄公說：那三個傢伙離間了秦晉兩國關係，敝國寡德之君恨不能食其肉寢其皮，君上何不滿足一下寡君的願望？

於是晉襄公放那三員大將回國。

事情完全如文嬴所料，秦穆公顯示出霸主的氣度。他身穿表示軍敗國辱的凶服來到國都之外，郊迎孟明視等人。秦穆公哭着說：委屈諸位了！這一次，都是寡人的罪過，諸位有甚麼錯，有甚麼錯呢？

於是孟明視任職如故。

沒有證據表明，文嬴跟穆公通過信息。但就連晉國的大夫，也料定結果會是這樣。晉襄公後來也反悔，派兵去追。但追兵趕到黃河邊時，那三員大將已在河中。孟明視在船上恭行大禮說：如果敝國寡德之君成全君上的仁愛，不以下臣軍前恤鼓，那麼，三年之後再來拜謝君上的大恩！

可惜兩年後的秦晉彭衙之戰，孟明視再次一敗塗地。晉人甚至諷刺說：將軍揚言三年之後要來拜謝寡君的不殺之恩，可真是說話算數呀！那就把貴軍稱為"拜賜之師"吧！

遭此奇恥大辱的秦穆公沒有氣餒，孟明視也仍被重用。秦國君臣同心同德奮發圖強，擴軍備戰厲兵秣馬，終於在一年後就報仇雪恨。魯文公三年（公元前 624 年），秦師伐晉，穆公親征。渡過黃河時，他下令燒毀所有的船隻，以示必死的決心。晉國君臣也知道秦師哀兵必勝，便採取"不抵抗政策"，皆守城不出。於是秦軍橫衝直撞，如入無人之境。他們掃蕩晉土，奪取晉地，祭奠了陣亡將士，然後回國。一年後，秦穆公再接再厲，征服西戎。司馬遷說，這時的秦穆公"益國十二，開地千里，遂霸西戎"。[30]

那麼，秦穆公可以名列五霸嗎？

也行也不行。論能力和水平，他不在宋襄之下；論功德和影響，則應在闔閭和勾踐之上。但他和宋襄公一樣，都犯了嚴重錯誤。宋襄的錯誤，是殺活人做犧牲品；秦穆的錯誤，則是殺活人做殉葬品。魯文公六年（公元前 621 年），秦穆公駕崩，殉葬者竟多達一百七十七人，其中還包括三位秦國最優秀的人才。因此當時的時事評論員便説，秦穆公沒能成為霸主，是理所當然的。[31]

那就算他“準霸主”好了。

是的，比“真霸主”差，比“非霸主”強，介乎二者之間，接近於霸主。

穆公，是孝公之前秦國最重要的君主。穆公之後，終春秋一世，秦在國際舞台上都沒有太精彩的表演。這跟桓公之後的齊，差不太多。要聽他們唱大戲，恐怕還得稍等片刻。現在佔據舞台中心的，是另外兩個超級大國。

這兩個大國，就是晉和楚。

越王勾踐解下佩劍，一臉無恥地對文種大夫說，
先生教給寡人伐吳之術一共七種，
寡人只用了三種就滅亡了吳國，
還有四種在先生手裏，
要不要到先王那裏在自己身上試試？

第三章

南方崛起

九頭鳥

秦穆公去世前五年，楚成王也死了。

楚成王死不瞑目。

成王是楚國的第三個王。之前，有他的祖父武王，以及父親文王。楚國的基業，就是他們祖孫三代創下的。至於成王本人，在位四十六年，親眼看着齊桓和晉文相繼稱霸，宋襄和秦穆躍躍欲試。召陵之盟，與齊桓公分庭抗禮的是他；城濮之戰，與晉文公一決雌雄的也是他；綁架宋襄公，又在第二年把宋軍打得滿地找牙的，還是他。春秋前期的爭霸史，處處都有他的痕跡和影子。

然而英雄一世的楚成王怎麼也沒有想到，他竟會死在自己的親兒子手上。

成王的兒子叫商臣。

商臣本是成王的太子。可惜成王跟許多有為或無為的君主一樣，好色。妻妾成群又愛屋及烏的結果，往往是廢嫡立庶，廢長立幼，立儲以喜。何況楚國原本就有傳統，喜歡立年輕力壯的公子為君。這跟他們一貫好戰好鬥，專一與諸夏作對有關。年老力衰的君主，是領導不了這個尚武霸蠻之邦的。

於是，魯文公元年（公元前 626 年），楚成王決定廢掉商臣，另立姬妾之子為儲。這個消息後來得到了證實，商臣便去求教於自己的師傅潘崇。

潘崇問：讓位服軟，做得到嗎？

商臣說：做不到。

潘崇又問：流亡國外，做得到嗎？

商臣又說：做不到。

潘崇再問：那麼，幹一件大事，做得到嗎？

商臣說：做得到。

這就是只有蠻夷才說得出的話了。宮廷政變，搶班奪權，諸夏的公子們也會做，但不會這麼講。只有楚人毫無顧忌。他們的身上流着蠻夷的血，根本就不把君臣父子那一套放在眼裏，也不認為大逆不道是多麼嚴重的罪名。十月，主意已定的商臣帶兵包圍了王宮，逼楚成王自殺。成王提出吃了熊掌再死，也不被批准。成王無奈，只好自縊。但他吊死以後卻不肯閉眼睛，因為拿不準這些不肖子孫會給自己上一個甚麼樣的謚號。

謚號是最後的面子，死了也得要。

這事在葬禮之前就討論了，最先定的是“靈”。這是“惡謚”。比如後來的晉靈公、鄭靈公、陳靈公，便都是既為君不道，又死於非命。因此成王聽了，便不肯閉眼睛。商臣等人無奈，只好改謚為“成”，成王這才滿意地升天。

商臣即位，是為穆王。[1]

穆王雖然弒君弒父，要算亂臣賊子，但列祖列宗的基業，卻在他手上得以拓展。穆王在位十二年間，滅江（在今河南省息縣），滅六（讀如陸，在今安徽省六安縣），滅蓼（在今河南省固始縣），伐鄭，侵陳，伐麇（讀如君，在今湖北省鄖縣），圍巢（在今安徽省巢縣），[2] 幹得有聲有色。可以說，穆王去世時，是把一個即將成功的霸業，交到了兒子手上。

他的兒子，就是大名鼎鼎的楚莊王。

楚莊王聲色犬馬。

沒人告訴我們，莊王即位之初為甚麼會這樣。我們只知道，三年之間，此君不理朝政，不出軍令，一味驕奢淫逸。大夫伍舉忍無可忍入宮進諫，莊王卻左手抱着鄭姬，右手摟着越女，嬉皮笑臉地坐在樂隊中，一副沒心沒肺的樣子。

這可真如伍舉所説，有隻鳥待在高高的山上，三年不飛，三年不鳴。

請問這是甚麼鳥？

九頭鳥。

是啊！按照莊王的説法，這隻鳥“三年不飛，飛將衝天，三年不鳴，鳴將驚人。”如此以靜制動蓄勢而發，豈非九頭鳥？[3]

實際上莊王心裏很清楚，楚人的精神是“霸蠻”，楚人的心氣是“不服周”，楚人的傳統是“我蠻夷也”，而楚君的使命則是開疆闢土，抗衡華夏，圖謀中原。這是一個艱難的歷程，必須付出畢生的精力。看來，他是想在大幹一場之前先玩個夠，然後收心。

收心之後的莊王果然一鳴驚人。頭一年，他就聯合秦國和巴國滅了庸（在今湖北省竹山縣）。三年後，又聯合鄭國侵陳侵宋，後來更命令鄭國痛打背楚降晉的宋國。可見這時鄭國已經變成楚的小弟，晉國則由於靈公被殺國內動亂，幾乎無暇多顧。於是莊王一路凱歌，把隊伍開到了周王室的眼皮底下，聲稱要在王畿之內搞軍事演習。

楚莊王耀武揚威。

這時的天子已不是襄王，也沒有齊桓和晉文這樣的華夏霸主來護駕。外強中乾的周定王擺不起架子，只好派王孫滿去勞軍。楚莊王志得意滿，竟向王孫滿問起九鼎的大小輕重來。我們知道，九鼎傳為夏禹所鑄，使用的青銅則來自天下九州，象徵着夏對各部落國家和部落聯盟的領導權。後來夏桀失德，九鼎遷商；殷紂失德，九鼎遷周。鼎之所在，即權力中心所在。楚莊問鼎，甚麼意思？

王孫滿不能不義正詞嚴。

決心捍衛王室尊嚴的王孫滿告訴楚莊王：關鍵在德不在鼎。現在周德雖衰，卻天命未改。鼎的大小輕重，還是不問為好。

楚莊王聽了，一言不發，收兵回國。[4]

其實莊王心知肚明。甚麼"在德不在鼎"，全是扯淡。權力的獲得，霸業的完成，不在鼎，也不在德，在力。他現在，不過心有餘而力不足。一旦兵強馬壯戰無不勝，稱霸就是遲早的事。

血染的霸業

楚莊的稱霸，很艱難。

的確，如果說齊桓公是“不戰而霸”，晉文公是“一戰而霸”，宋襄公是“戰而未霸”，秦穆公是“戰而半霸”，那麼，楚莊王則是屢戰而霸，血戰而霸，苦戰而霸。其中最慘烈也最悲壯的，是成就了莊王霸業的圍宋之役。

說起來這場戰爭的禍端，其實在楚莊王。起因是有一次莊王同時派出兩個使節，分別出使晉國和齊國。出使晉國的，要路過鄭國；出使齊國的，要路過宋國。莊王卻吩咐二人，不得向鄭宋兩國借道。這就是蠻不講理了。因為即便是周王的天使，哪怕路過蕞爾小邦，也要借道，以示對該國領土和主權的尊重。楚莊王不准自己的使節借道，豈非霸道？

沒人知道莊王當時怎麼想。只不過鄭國在此刻，早已被打得服服帖帖，多半會忍氣吞聲。宋國就不一樣了。他們在兩年前，跟晉國、衛國和曹國建立了攻守同盟。盟約規定，如果有誰被人欺負，當共救之，叫“恤病”；如果有誰背叛同盟，則共討之，叫“討貳”。這個條約，宋國執行得很到位，而且也只有宋國執行到位。以宋人之刻板叫真，豈能容忍楚國的此等行徑？何況那位過路的使節申舟，以前還得罪過宋。

於是出使齊國的申舟叫苦不迭：鄭國聰明，宋國糊塗，路過鄭國的肯定沒事，我死定了！

莊王卻說：敢！他要殺了你，我就滅了他！

楚莊說這話，實在是太小看宋國了。一個士人，尚且可殺不可辱，何況是一個邦國？面對楚人的蠻橫無理，宋國的執政華元說：途經我國而不借道，這是把我國看作他們的邊陲小鎮，等於是亡國。得罪楚人，引來兵禍，也要亡國。如果同樣是亡國，那就寧肯死得體面而有尊嚴。

結果申舟被殺。

楚莊王聞訊，一甩袖子就往外衝，隨從們追到前院才送上鞋子，追到宮門才送上佩劍，追到街上才扶他上車。氣得發抖的楚莊王，下令立即發兵圍宋。而九頭鳥衝冠一怒，宋人是抵擋不住的。魯國甚至趕緊表態，站在楚國一邊。

被圍的宋人依約向晉國告急。

然而讓華元他們萬萬沒有想到的是，晉國這回做了縮頭烏龜。晉景公倒是打算救宋，卻被一位大夫攔住。這位大夫說：雖鞭之長，不及馬腹，這事我們管不了。上天正眷顧楚國，我們豈能爭鋒？是河流湖泊，就要容納污泥濁水；是山林草野，就要藏匿毒蛇猛獸；是美玉，就一定隱含瑕疵；是國君，就必須忍受屈辱。這是天道，君上還是等等吧！

於是晉國按兵不動一箭不發，只派了一個名叫解揚的使節去安撫忽悠宋國。

可惜解揚路過鄭國時，卻被鄭人抓獲送進楚營。楚人用重金賄賂解揚，要他去送假情報。解揚三拒不成，只好答應。然而當解揚登上樓車向宋城喊話時，喊出的卻是：宋國弟兄們頂住！我軍全部集結完畢，馬上就到！

上當受騙的楚莊王勃然大怒，下令要殺解揚。莊王對解揚說，出爾反爾，甚麼意思？非我無情，是你無信。上刑場吧！

解揚從容應對。

面不改色的解揚說，君能發佈命令，叫義；臣能完成使命，叫信；以誠信實現道義，叫利。義無二信，信無二命，哪有同時完成兩種不同使命的？一個使臣受命而出，使命就是生命，又豈能被人收買？先前應付君上，只不過為了把寡君的話帶到宋國。那才叫作守信！

於是莊王放解揚回國。

其實解揚喊不喊話都無所謂。事實上，到魯宣公十五年（公元前 594 年）的五月，楚人軍糧已盡，也熬不住了，莊王只好下令收兵。

申舟的兒子卻跪在了莊王的馬前。

前面說過，申舟是明知必死無疑，也硬着頭皮前往宋國的。他這樣做，一方面固然因為王命難違臣道有責，另一方面也因為莊王誇下海口許下諾言。現在，申舟已慷慨赴死，莊王卻言而無信，此話怎講？

楚莊王無言以對，也無顏以對。

這時，楚國的另一位大夫出了一個主意：在宋國的郊野蓋房子，修水利，開荒種地，而且說幹就幹。傳遞給宋人的信息也很明確：申舟之仇，非報不可。你們一天不投降，我們一天不走；一年不投降，一年不走；一輩子不投降，一輩子不走。反正我就跟你們槓上了，看誰扛得過誰！

宋人聞訊，舉國震驚，欲哭無淚。因為從去年九月至今，宋都被圍已八九個月，城中早已粒米無存。國人只能交換孩子殺了吃掉，拆解屍骨作為燃料，哪裏還能再堅守？

此刻，請問誰能救宋？

也只有他們自己。宋國執政華元挺身而出，半夜三更潛入楚營，把楚軍統帥子反從牀上叫起來。華元說，寡君派元來實言相告：敝國彈盡糧絕，只能易子而食，析骸以炊。但即便如此，要我們簽訂城下之盟，無異於亡國，斷然不能。如果貴軍能夠後退三十里，惟命是從。

現在輪到楚人震驚了。他們退軍三十里，與宋國簽訂條約，相約“我無爾詐，爾無我虞”，並以華元為人質。至此，魯、宋、鄭、陳皆從楚，楚霸業成。[5]

但，這是怎樣的霸業！

兩筆賬

圍宋之役，有兩個邦國的態度值得玩味。

這兩個邦國，就是晉和鄭。

晉國按説是應該救宋的。這不但因為晉宋之間有盟約，也因為晉楚兩國有如冷戰時期的蘇美，既是霸權的代表，又是爭霸的勁敵。實際上楚莊王稱霸之難，就在於有晉。我們知道，春秋時期有條件、有資格、有能力爭霸的邦國，不是五個，而是四個，即齊、楚、秦、晉。其中，晉國又最霸道。從文公創霸，襄公繼霸，到厲公復霸，悼公定霸，霸權二字始終不離晉國，伴隨他們走完春秋。

晉，是楚的死對頭。

不過這話也可以反過來説：晉國維持霸權之難，就在於有楚。楚，是從華夏誕生霸主之日起，就強行摻和進來的。跟齊桓公爭霸的是他們，跟晉文公爭霸的也是他們。所以，無論於情於理，於義於利，晉都應該抗楚援宋。

那麼，晉國為甚麼作壁上觀？

因為邲之戰。

邲之戰，是城濮之戰後晉楚兩國的第二次大戰。它的故事，我們在《青春誌》中已經講過，這裏要說的是背景。背景，就是春秋的爭霸跟戰國的兼併不同。戰國，是大魚吃小魚，小魚吃蝦米，滅掉一國是一國，吞併一家是一家。春秋卻像黑社會掰手腕搶地盤，誰的小弟多，誰就是老大。小弟的想法也很簡單，誰的拳頭硬，誰就是大哥。鄭國大夫子良就說，反正晉楚兩個大國都是不講道德只講武力的，那就誰打過來我們跟誰吧！大國都不講信用，我們守甚麼信？[6]

可惜中小邦國做牆頭草的結果，是捱打的次數更多。因為沒有哪個大哥會縱容小弟叛變，也沒有哪個小弟會連巴掌都沒捱過，世面都沒見過，就乖乖地跟了某個大哥。何況跟了以後也不消停，得在大哥身邊鞍前馬後。於是，不服軟，要捱打；服了以後轉變立場，也要捱打；服了以後不轉變立場，則要跟着去打別人。如果是中等邦國，則還可能仗勢欺人，欺負一下小國，順便撈點油水。

因此，中小邦國捲入戰爭的次數，不會少於大國。比如春秋時期，鄭國參戰的次數是七十二次，宋國是四十六次。這些戰爭，有的是自衛，有的是侵略，有的是因為要服從霸主的命令，還有的是因為左右搖擺。

搖擺也不奇怪，因為沒有誰永遠強勢，永遠勝利，永遠是老大。比如城濮之戰晉勝，邲之戰就是楚勝。一方勝利後，另一方的小弟就會主動或被動地臣服依附於勝利者。失敗的大國當然不幹，就要教訓這些見風使舵趨炎附勢的小弟。小弟扛不住，又歸順原來的老大。新老大當然也不幹，就要來找他們算賬。這個賬當然總也算不清，最後只好兩個大國再打一仗，算總賬。

這就是所謂"晉楚爭霸模式"。夾在當中兩邊捱打的，只能是中小邦國。[7]

鄭國就是如此。

說起來鄭在春秋早期，也是一條漢子。但到楚莊王時代，卻已是沒毛的鳳凰不如雞。魯文公十七年（公元前 610 年），鄭國雖然追隨晉國、夥同衛國和陳國伐宋，但晉國仍然懷疑他們與楚國私通。鄭國無奈，只好寫信向晉國再三解釋，那語氣簡直就是哀鳴。信的最後說，"居大國之間而從于強令"，難道是我們的罪過？大國如果總是不能體諒，那我們小國真是走投無路了。[8]

可惜大國從來就不體諒，而中小邦國也不能不替自己打算。兩年後（公元前 608 年），宋國由於被晉國痛打，從了晉。鄭國跟宋國是世仇。宋國從晉，鄭國就從了楚。陳國和蔡國歷來是宋國的跟班，於是陳國也從了晉。楚莊王見陳國和宋國叛變，就起兵侵陳侵宋。晉國為了救陳救宋，則起兵伐鄭。楚國為了救鄭，在北林（在今河南省新鄭市）跟晉軍打了一場遭遇戰，俘虜了晉國大夫解揚（後被釋放）。鄭國則在第二年（公元前 607 年）奉楚國之命伐宋，大獲全勝，還俘虜了宋國執政華元（後來逃走）。

這下子晉國火冒三丈，一連幾次伐鄭，一直打得鄭國投降。鄭國與晉國結了盟，楚國當然要教訓他。於是從魯宣公三年（公元前 606 年）起，楚國接二連三伐鄭，也一直打得他投降。不過這回鄭國服楚以後又叛楚。楚莊王豈能容他，便在魯宣公十二年（公元前 597 年）春天將鄭都團團圍定。

後面的故事我們在中華史第四卷《青春誌》的第六章已經講過。被圍的鄭人進行了占卜，然後在太廟裏和城牆上大哭。三個月後，鄭都淪陷。鄭襄公光着膀子牽着羊，遞交了投降書。前來救援的晉國三軍嚥不下這口氣，與楚軍開戰，也被打得一敗塗地。而這場戰爭，就是邲之戰。

有邲之戰，才有宋之圍。實際上，楚莊王圍宋之前，晉景公已在同一年伐過鄭了。只不過沒有真打，而是陳列部隊，耀武揚威。晉人公開的說法，是要不戰而屈人之兵。但實際情況，多半是被楚人打怕了。所以，圍宋之役，晉國袖手旁觀，鄭國則甘當楚國的馬仔。

邲之戰是一個轉捩點。一方面，楚國成就了霸業。今後的歷史，將是晉楚繼續爭霸。這是一筆賬。另一方面，則是晉國開始聯吳，楚國開始聯越。這是另一筆賬。晉與楚是對手，吳與越是世仇。他們的背後，又有齊與秦。齊國常常幫助晉國，秦國則往往幫助楚國。[9] 齊助晉，秦助楚，結果是培養出兩個大霸國。晉聯吳，楚聯越，結果是培養出兩個小霸主。有了他們，爭霸戰爭的戲碼將變得更加驚心動魄；而華夏文化的雨露，也將滋潤到長江下游。

這兩個小霸主，就是吳王闔閭和越王勾踐。

闔閭伐楚

闔閭稱霸，是在楚莊之後八十八年。

這當然是楚莊王想不到的。他想不到，他的兒子共王也想不到。否則，莊王沒準就會成全了巫臣和夏姬，共王也不會聽任子重和子反殺光巫臣的族人，瓜分巫臣的財產。總之，正如我們在《青春誌》中講過的，叛逃到晉又家破人亡的楚國大夫巫臣為了報仇雪恨，不但鼓動晉國聯吳，而且親自帶着兵車到吳國，擔任吳軍的教官，教他們車戰，教他們佈陣，教他們反楚。[10]

吳國勃然興起。

巫臣的叛楚助吳，有那麼重要嗎？有。事實上，吳國雖然號稱周文王兩位伯父之後，其實卻是蠻夷，與中原諸夏並無交往，[11] 文化相當落後，在國際社會中也沒有地位。他們作為長江下游的水鄉之國，以舟船逆流而戰，亦非上游楚國之對手。然而巫臣使吳之後，吳人不但有了靠山，而且有了陸軍，便對楚國不再客氣。他們捨舟登陸，由淮南江北俯楚之背，楚國的東北部從此再無寧日。

吳國崛起的同時，楚國卻開始內亂。

楚國之亂，是從公元前 546 年的弭兵大會之後開始的。這次大會，楚人雖然爭得了歃血的優先權，卻也由此盛極而衰。最早，是康王的弟弟王子圍謀殺了當時的楚君郟敖，自立為君，這就是楚靈王。此君的驕奢淫逸和專橫跋扈，我們在《青春誌》中已經領教過了。結果是，當靈王在州來（今安徽省鳳台縣）閱兵圍徐威脅吳國時，國內發生動亂。亂党殺死了靈王的太子，靈王的部隊則在聞警回國的路上一鬨而散，逼得靈王只好孤零零地自己吊死。

靈王死後，楚國繼續動亂。統治集團自相殘殺的結果，是公子棄疾奪取了王位，改名熊居，這就是楚平王。正是這位平王，給吳國送去了一個強有力的幫手，也為自己樹立了一個強勁的敵人，最後弄得楚國一敗塗地。

這個勁敵，就是伍子胥。

伍子胥名員（讀如雲），字子胥。他的祖父，就是輔佐楚莊王稱霸，支持楚靈王上台的伍舉。伍舉的兒子是伍奢，伍奢的兒子是伍尚和伍員（子胥）。但伍奢的運氣顯然不如伍舉。伍舉輔佐的楚君，莊王是霸主，靈王是梟雄。伍奢事奉的平王，卻是混蛋。這個混蛋先是受人慫恿，霸佔了原本為太子迎娶的女人；然後又聽信這奸人的讒言，要殺太子，以及太子的師傅伍奢全家。為此，平王抓住伍奢做人質，聲稱只要伍尚和伍員回來，就免伍奢一死。

伍尚和伍員，回還是不回？

很難抉擇。不回，等於見死不救；回，則肯定同歸於盡。這一點，就連傻子都看得明白。於是哥哥伍尚對弟弟伍員說：你快走，我去死。父親危在旦夕，總要有人盡孝；我家慘遭不幸，總要有人報仇。依你我的能力，我能送死，你能復仇。兄弟你好自為之，你我各盡其責。

結果，伍尚和伍奢被殺，伍員則逃往吳國。[12]

這時的吳王，是僚。但伍子胥很快就看出，王僚其實幫不了自己。反倒是蟄伏已久的公子光，必將取僚而代之。為此，伍子胥替光找到了一位殺手，自己則暫時隱居起來。魯昭公二十七年（公元前 515 年）四月，也就是伍子胥逃到吳國的第七年，公子光趁吳國出兵伐楚，國內空虛，發動了宮廷政變。吳王僚在宴席上被伍子胥收買的殺手刺死，公子光自立為君，是為吳王闔閭。[13]

闔閭決定與伍子胥聯手倒楚。

伍子胥為闔閭定下的戰略，是先打運動戰，再打殲滅戰。伍子胥說，楚國的執政，人多嘴雜，離心離德，還都不負責任。請君上組建三支軍隊，分別在不同的時候從不同的地方進行突然襲擊。第一支部隊出擊時，楚軍必定傾巢而出。敵軍一出動，我軍就撤退。敵軍撤退，我軍第二支部隊就從另一個地方出擊。敵軍又會傾巢而出，我軍再撤退，然後在第三個地方出擊。總之，想盡一切辦法讓他們打疲勞戰和消耗戰，永遠摸不清我軍的意圖和動向。這樣用不了幾年，楚軍就會被我們拖垮。那時，吳國三軍齊發，便可一舉成功。

闔閭採納了伍子胥的建議，楚軍也果然疲於奔命。僅魯昭公三十一年（公元前 511 年）一年間，他們就至少奔走於六（今安徽省六安縣）、灊（今安徽省霍山縣）、弦（今河南省息縣）等地，伍子胥的策略成功了。[14]

與此同時，楚人也在自取滅亡。

吳王闔閭即位時，楚平王已經去世。繼位的昭王是個孩子，哪裏會治國？也根本聽不進良言。[15] 楚國的執政令尹子常，則是個貪得無厭的傢伙。蔡昭侯朝楚，子常向他索要玉佩。蔡侯不給，子常就把他扣留軟禁了三年。唐成公朝楚，子常向他索要好馬。唐侯不給，子常也把他扣留軟禁了三年。蔡人和唐人無奈，只好交出玉佩和好馬。但虎口脫險後，蔡侯就一狀告到了晉國那裏。晉國不肯受理，便又求教於吳。原因很簡單："楚自昭王即位，無歲不有吳師"。[16]

自作孽不可活，伐楚的時候到了。

魯定公四年（公元前 506 年）冬，吳王闔閭聯合蔡國和唐國大舉進攻，步步為營深入楚境，從淮河打到漢水，從小別山打到大別山，再打到柏舉（今湖北省麻城縣）、清發（今湖北省安陸縣）、雍澨（澨讀如士，今湖北省京山縣）。楚軍節節敗退，吳軍鋭不可當，直逼郢都。子常一敗再敗逃往鄭國。昭王聞風喪膽逃往雲夢。吳軍將領大模大樣地住進了楚國王宮。如果不是後來秦國出兵，越人襲吳，吳國又發生了內亂，楚人差一點就會亡國。[17]

伍子胥總算報了仇。[18]

當然，闔閭也稱了霸。可惜他這個霸主，堪稱曇花一現。因為十年之後他就兵敗身亡，吳國也很快被滅。從稱霸到亡國，他們只風光了三十三年。

這又是怎樣驚心動魄的故事？

夫差亡國

吳亡，是在魯哀公二十二年（公元前 473 年）。

滅吳之人，是越王勾踐。

亡國之君，是吳王夫差（讀如拆）。

這是一個霸權大國的瞬間隕落和徹底滅亡。從此，歷史的舞台上再也不會出現他們的身影。實際上這時春秋已經結束，只剩下餘音嫋嫋。而另一個超級大國晉，則即將被趙魏韓三家瓜分。[19] 吳國之亡，可謂時當末世之秋，亂世之始。歷史傳遞給我們的，又會是怎樣的感覺？

悲壯，還有淒涼。

淒涼之情籠罩着吳國國都姑蘇城。事實上從魯哀公二十年（公元前 475 年）起，吳都就被越軍團團圍定。如果說當年楚莊王的圍宋之役，還只是揚言要在宋都郊外蓋房子，那麼，越王勾踐的伐吳，卻是當真築起了城牆。[20] 這下子幾乎誰都知道吳國要亡了。晉國的執政趙無恤（也就是《青春誌》中豫讓拼死拼活也要刺殺的趙襄子），甚至把自己的飲食規格降到比死去父親還低，以表示對一個邦國即將滅亡的哀悼。無恤的家臣楚隆，則專程前往吳國送達慰問。

楚隆說：敝國寡德之君的老臣無恤，謹派卑微的陪臣楚隆，前來為他的不恭賠禮道歉。貴我兩國先前確實有過盟約，誓言"好惡同之"。現在貴國蒙難，無恤並不敢推卸責任，只不過今日之事，實在不是敝國力所能及的。

夫差跪下來磕頭說：寡人無能，沒有事奉好越國，讓貴大夫操心，愧不敢當！然後站起來送上禮物說：勾踐是要讓寡人生不如死，寡人不得好死啊！

說完這些需要使節傳達的外交辭令，夫差又苦笑着對楚隆說了一句私房話：

快淹死的人，肯定會笑吧？[21]

這笑，淒厲瘆人。

唉，早知今日，何必當初！

的確，夫差原本不會敗，吳國也原本不會亡，因為越國根本就不是對手。沒錯，在魯定公十四年（公元前 496 年）的檇李之戰（檇讀如醉，檇李在今浙江省嘉興市）中，越王勾踐不但大敗吳軍，還讓闔閭受傷身亡，可謂第一次亮相就出手不凡。但是戰敗的吳人並沒有氣餒。接過闔閭戰劍的夫差甚至命令部下站在院子裏，只要自己進出，就大喝一聲：夫差，你忘了殺父之仇嗎？

夫差則一定肅然回答：不敢！

這時的夫差，是剛毅的，果敢的，奮發圖強和天天向上的，他又怎麼會亡國？

驕狂放縱，剛愎自用，好大喜功。

實際上夫差曾經兑現了自己的諾言。魯哀公元年（公元前 494 年），吳王夫差大敗越軍於夫椒（在今浙江省紹興市境內），兵臨越國國都會稽城下，越王勾踐帶着甲士五千人退守會稽山，幾乎連招架之功都沒有。這個時候，只要夫差再接再厲，亡國的就是越，不會是吳。

然而夫差卻選擇了放手。他自滿地對伍子胥説，如果滅了越國，將來寡人搞軍事演習，誰當觀眾？[22]

這就是驕狂了。

驕狂的結果必定是自我膨脹。在夫差看來，先王打敗了楚國，自己打敗了越國，吳國當然"老子天下第一"。要稱霸，就得經營北方，讓中原諸夏服服帖帖。蕞爾小邦越，不過大年三十的一盤涼菜，有沒有它都過年。

於是，夫差不惜窮兵黷武大動干戈，北上伐陳，伐魯，伐齊；又不惜勞民傷財大興土木，在邗江邊築城挖溝，連通了長江與淮河。[23] 伐齊之後兩年，他甚至不肯等到莊稼成熟，就迫不及待地帶領三軍北上，與諸侯會盟於黃池（今河南省封丘縣）。為此，他在宋魯之間開通河道，連接起沂水和濟水。[24] 夫差躊躇滿志。

但讓他萬萬沒有想到的是，螳螂捕蟬黃雀在後。此時的越國，早已完成了自己的復興計劃，單等夫差犯大錯誤。

這一點，其實早就有人看出。夫差與越媾和時，伍子胥就説越國一定會"十年生聚，十年教訓"；伐齊時，伍子胥又告誡夫差"越在我，心腹之疾也。"可惜夫差聽不進去，還賜給伍子胥一柄寶劍讓他去死。[25]

如此忘乎所以一意孤行，當然只有死路一條。蓄謀已久的越王勾踐，也當然不會放過乘虛而入的大好機會。事實上，當夫差趾高氣揚前往黃池，與晉定公爭當盟主時，國內只留下了守國的太子和老弱病殘。於是勾踐便在他背後狠狠地插了一刀。六月十一日，越軍兵分兩路，大舉伐吳。二十一日，越人大敗吳軍，俘虜了吳國太子。二十二日，攻入吳都。[26]

這時的夫差，卻仍在做他的霸主夢。他甚至一連親手殺了七個國內前來報信的人，以防吳國兵敗的信息洩露。然而在七月六日的盟會上，晉國大夫還是從他的臉色上看出了問題，堅持不肯讓步。夫差的霸主夢，成了一枕黃粱。[27]

稱霸不成的夫差匆匆回國與越議和。

勾踐放過了他。夫差也以為越人既已撈回面子，就應該心滿意足。於是黃池之會以後，夫差刀槍入庫，馬放南山，又做起和平夢來。這在夫差，也許是因為懺悔自己的好大喜功，要與民休息；或者是心灰意懶，要安享晚年。但越國君臣並不這麼看。在他們看來，夫差的放棄戰備，更是滅吳的大好機會。越國大夫文種甚至對勾踐說，臣不用占卜，就知時機已到。[28]

越王勾踐笑了，他的心裏當然也很清楚。而且這一回，他絕不會像夫差那樣貪圖虛名心慈手軟，一定要置吳國於死地。

因為勾踐不是夫差。

勾踐滅吳

勾踐與夫差，有甚麼不同？

夫差天真，勾踐殘忍。

越王勾踐的名字，在華人圈內可謂耳熟能詳，盡人皆知。他那“臥薪嘗膽”的故事，常常被當作勵志的案例口口相傳。然而這是可疑的。不但《左傳》和《國語》均無記載，就連司馬遷也只說了嚐膽，沒說臥薪。[29] 事實上關於勾踐的可靠史料並不多。《左傳》中只有寥寥幾筆，《國語》的記載便已多疑團，《呂氏春秋》是戰國末年之書，《吳越春秋》更不靠譜。《左傳》、《國語》之後坊間流傳的種種故事，包括大名鼎鼎的色情間諜西施，姑妄聽之可也，信以為真不行。

但可以肯定，勾踐非同凡響。

勾踐是第一位越王，甚至可以說是唯一的越王。因為勾踐之前，越君並未稱王；勾踐之後，諸王毫無業績。從這個意義上講，越國的歷史，就是勾踐的歷史；越國的故事，就是勾踐的故事。

實際上勾踐之前的越國，其歷史幾乎一片空白；勾踐之前的越軍，在世人眼裏也只算小股土匪。所謂"允常之時，與吳王闔閭戰而相怨伐"，[30] 不過相互摩擦。就連越軍趁吳人伐楚之機襲吳，估計也就是騷擾了一把，所以《春秋》和《左傳》都只一筆帶過。然而允常去世後，勾踐的亮相，就讓天下刮目了。

亮相是在檇李之戰。

這是勾踐即位後的第一戰，也是越國對吳的第一次勝仗。正是由於這一仗，越國君主的名字也才得以第一次出現在正史，開始引起中原諸夏的注意。其實這時的越國，根本就不是吳國的對手。剛剛戰勝了霸權大國楚的吳王闔閭，也沒把他們放在眼裏。他之所以趁越國新喪之機伐越，大約是想把這些搗亂分子一舉剿滅，從此落個清靜吧！

可惜闔閭看錯了人。

是的，勾踐根本就不按牌理出牌。前面說過，春秋的戰爭，是兩軍對壘，列陣而戰。像宋襄公那樣的，還要遵守規則，講究禮儀。這種打法，越軍當然不行。勾踐的第一招，是先發制人，組織敢死隊衝鋒陷陣，一再挑戰，結果訓練有素的吳軍陣營嚴整，紋絲不動。勾踐便使出第二招，讓罪人們在陣前排成三行，每個人都把劍架在脖子上，一齊向吳軍喊話說：兩國君王交戰，我等觸犯軍令，不敢逃避刑罰，謹此自裁謝罪！說完，齊刷刷地集體自殺於吳軍陣前。

吳軍哪裏見過這種陣仗，當時就看呆看傻了。越軍趁着吳軍發愣，呼呼啦啦衝了過去。吳軍猝不及防，當場潰敗，稀裏糊塗就輸了戰爭。[31]

如此狠招，也就勾踐使得出吧？

也許，作為弱國和小國，勾踐只能打"超限戰"。但，作為禮儀之邦的華夏邦國，再小再弱，恐怕也想都不敢想。這是只有心狠手辣之人才做得出的。實際上勾踐的所謂"罪人三行"，很可能就像第二次世界大戰後期日本軍國主義的神風隊員，是真正的敢死隊。墨子就說，勾踐訓練軍隊時，為了考驗他們的勇猛，故意放火燒船，同時擂鼓命令前進。結果，越軍將士前赴後繼赴湯蹈火，死在火裏水裏的不計其數。[32] 墨子距離勾踐時間並不久，他的話應該多少有些根據。

勾踐也很懂得恩威並用。在滅吳戰爭中，他是這樣帶兵的：第一天，三軍將士列隊完畢，勾踐在軍鼓聲中走到陣前，先將犯罪分子斬首示眾，然後宣佈父母年邁又沒有兄弟的，回家贍養父母。第二天，又殺一批罪犯，然後宣佈兄弟數人都在軍中的，自己挑選一人回家。第三天，又殺一批罪犯，然後宣佈眼睛不好的回家養病。第四天，又殺一批罪犯，然後宣佈體力不支智力不高的統統回家，不必報告。第五天，再殺一批罪犯，然後宣佈如果有人要他回家他不回，留在軍中又不安心，上了戰場有令不行有禁不止，本人殺無赦，妻子為妾為奴。於是全軍將士，人人都有必死的決心。[33] 越國的虎狼之師，就是這樣煉成的。

這樣看，勾踐在報仇雪恨之前一直對夫差卑躬屈膝，並不奇怪。他把吳都整整圍了三年，也不奇怪。拒絕吳國投降，毫不留情地滅國，就更不奇怪。據說，吳王夫差曾派人向勾踐求和。夫差說，當年寡人聽從君上您的命令，沒敢斷了越國的祭祀，現在能不能也不要毀了敝國的宗廟和社稷呢？勾踐卻冷笑一聲回答說，當年上天把越國賜給吳國，吳國不肯接受，如今寡人又豈敢對抗天命？君上如果需要養老，寡人倒是把地方準備好了。[34]

心高氣傲的夫差只好自殺。

夫差死了，吳國亡了。勾踐要殺的，就只有自己人。這一點，他的得力助手范蠡（讀如李）比誰都清楚。於是范蠡大夫逃離了越國。臨走前，范蠡寫信給同事文種大夫說：飛鳥盡，良弓藏；狡兔死，走狗烹。先生快走。

可是文種沒有走。

果然，勾踐送去了自己的佩劍，一臉無恥地對文種大夫說，先生教給寡人伐吳之術一共七種，寡人只用了三種就滅亡了吳國，還有四種在先生手裏，要不要到先王那裏在自己身上試試？

文種也只好自殺。

卑鄙是卑鄙者的通行證，高尚是高尚者的墓誌銘。[35] 這句名言，用在勾踐身上，或者用在勾踐的時代，難道果真是應驗的？

是。因為禮壞樂崩。

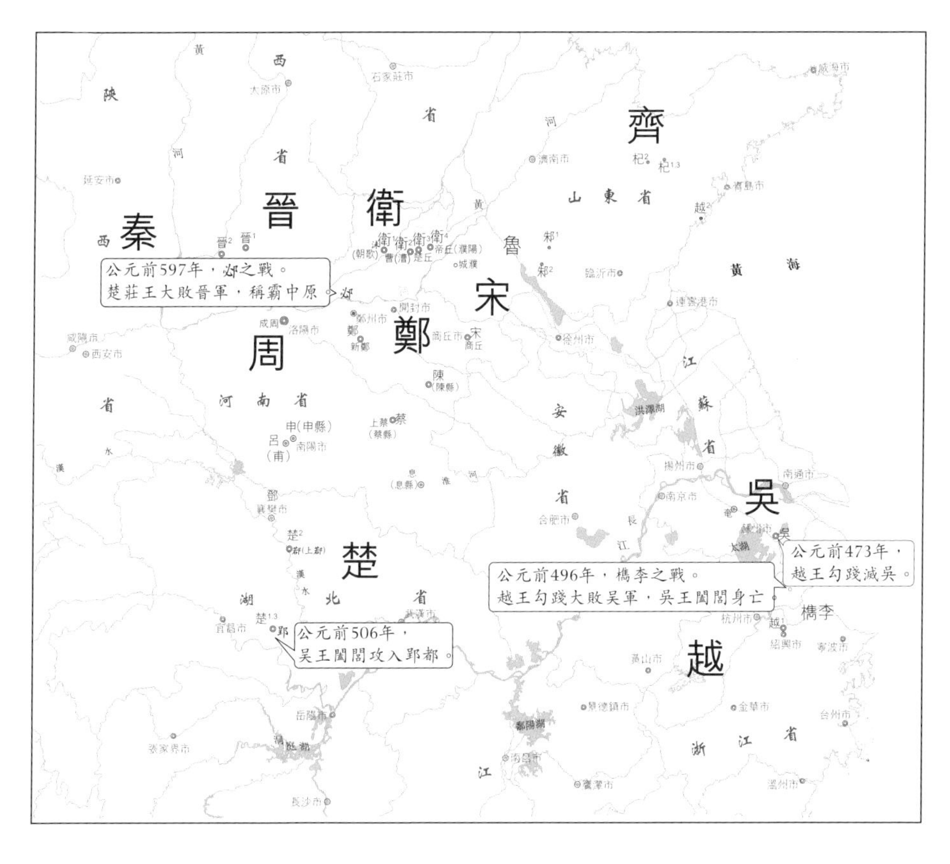

公元前597年，邲之戰。
楚莊王大敗晉軍，稱霸中原
公元前506年，
吳王闔閭攻入郢都。
公元前496年，檇李之戰。
越王勾踐大敗吳軍，吳王闔閭身亡
公元前473年，
越王勾踐滅吳。
秦
晉
衛
齊
魯
宋
鄭
周
楚
吳
越
檇李

◎南方崛起

齊景公說，寡人的宮室美輪美奐，
卻不知道將來是誰的。
晏嬰說，田陳氏的吧？
田陳雖然沒有甚麼大的功德，
但民眾對他們家的春風雨露，已經載歌載舞了。

第四章

禮壞樂崩

南方，北方

滅吳以後，勾踐也稱霸了。

這是最後的霸主。據《史記》，勝利了的越王勾踐帶兵北渡淮河，與齊、晉諸國國君會盟於徐州（在今山東省滕州市東南）。周元王也來湊熱鬧，派人賜以胙肉，封為侯伯。由於有周天子的認證，勾踐可謂"真霸主"。相比較而言，吳王闔閭則只能算是"準霸主"。[1]

可惜此事《左傳》和《國語》同樣沒有記載，因此勾踐這個真霸主，反倒比闔閭那個準霸主還可疑。其實這一點並無所謂。因為此時不但王權時代已經過去，就連霸權時代也進入尾聲。即將開始的，是強權時代。勾踐之霸，乃一個時代的強弩之末。他的子孫無所作為，也不奇怪。

但，把不同版本的春秋霸主排一個時間表，則是有趣的：

公元前 651 年，齊桓公稱霸；

公元前 639 年，宋襄公圖霸；

公元前 632 年，晉文公稱霸；

公元前 623 年，秦穆公稱霸；

公元前 594 年，楚莊王稱霸；[2]

公元前 506 年，吳王闔閭稱霸；

公元前 473 年，越王勾踐稱霸。

這七個人，宋襄公其實不能算數。剩下的六個，前三後三。前三齊桓、晉文、秦穆，都在北方；後三楚莊、闔閭、勾踐，都在南方。因此春秋的爭霸可以分為兩段，前半段是北方的時代，後半段是南方的時代。[3]

南方三霸，都是蠻夷。

不過蠻夷跟蠻夷，也有區別。楚與中原諸夏發生關係最早，西周初年就已受封，春秋之始已是南方之強，後來更成為天下霸主，便由蠻夷變成華夏。楚在南方崛起最早，與他們接受中原文化不無關係。

吳的興起則晚得多。他們要到楚莊王稱霸以後，才開始在歷史舞台上露臉，[4] 而且直到春秋晚期仍是蠻夷習俗，依然斷髮文身。[5] 魯哀公十一年（公元前 484 年），吳王夫差聯合魯國伐齊，戰於艾陵（今山東省泰安縣）。夫差為了對魯國司馬州仇表示欣賞，竟賜給他盔甲和寶劍。州仇目瞪口呆，不知如何應對。因為按照華夏禮儀，君賜臣劍，是要臣下自盡。夫差顯然不懂規矩，這才鬧出笑話。最後，還是孔子的學生，外交官子貢出來打圓場，代這位魯國司馬答謝，說"州仇奉甲從君"，這才應付過去。[6]

越的文化更落後，是"斷髮文身"兼"徒跣不履"，也就是頭髮剪短，身上刺青，光腳不穿鞋，語言與諸夏更不相通。他們參與國際性角逐，是在春秋晚期，而且一開始只是楚人的跟班，名次還排在頓國、沈國和徐國的後面。[7]

范蠡的自述就更為淒涼。

滅吳之戰，勾踐圍吳三年，吳人不戰而敗。吳王夫差派王孫雒（讀如洛，亦同洛）前去求和，范蠡卻拎着鼓槌提着戰鼓去應對。王孫雒一看這架勢，就知道大事不好。於是王孫雒說：尊敬的范先生范大夫啊，助天為虐不吉祥。如今吳國的稻子被螃蟹吃得連種都留不下，貴國就不怕不祥嗎？

范蠡則不無悲憤地回答說：親愛的王孫大夫啊，我們越國的先君，在周天子那裏連個子爵的地位都得不到，這才躲到東海之濱，與蜥蜴、鱷魚、蝦蟹、龜鱉為伍，像青蛙一樣生活。我們雖然很慚愧地長了一張人臉，其實跟禽獸沒甚麼兩樣，哪裏聽得懂你說的那些人話呢？[8]

看來，越人不但文化落後，還因此受過歧視。

然而“天意從來高難問”。越、吳、楚，雖然一個比一個文化落後，一個比一個更是蠻夷，但國運的興衰，霸權的興替，卻像老百姓堆柴火，後來者居上。先是吳勝楚，後是越滅吳。吳勝楚，是在楚靈王死後不過二十三年；越滅吳，也只在闔閭死後二十三年。無乃過速乎？無乃神奇乎？

是啊！齊、秦、晉做不到的，吳做到了；楚做不到的，越做到了。蠻夷小邦的勃然興起，真是銳不可當。難道世事的變化真如民諺所云，是“長江後浪推前浪，前浪死在沙灘上”？難道後起之秀吳和越，真是“秤砣雖小壓千斤”？難道一個邦國或族群，文明程度越高，就越是鬥不過那些蠻族？

難講。

的確，蠻族是有可能創造或改寫歷史的。比如發明了世界上第一套拼音字母的腓尼基人，創造了希臘文明的多利亞人，征服過埃及、吞併了新巴比倫王國的波斯人，創造了伊斯蘭文明的阿拉伯人，便都曾經是蠻族。

事實上蠻族的一大優勢，就在於又霸又蠻。他們血氣方剛，生機勃勃，初生牛犢不怕虎，沒那麼多清規戒律和陳詞濫調，也未必都按牌理出牌。所以，希臘被馬其頓征服，馬其頓被羅馬征服，羅馬則被文明程度更低的日耳曼人所滅。也所以，夫差見了勾踐，就像宋襄公遇到了楚成王，有理說不清。越能勝吳，確實是光腳的不怕穿鞋的。

然而吳國這顆冉冉升起又很快隕落的新星，固然堪稱“其興也勃焉，其亡也忽焉”，越國同樣難逃一死。[9] 最後真正強大起來的，不是越，更不是吳，甚至不是晉，而是齊、秦、楚。

這實在意味深長。

黃河，長江

不妨再看春秋諸霸。

春秋諸霸有三個特點。第一，除晉國姬姓外，其餘都不姓姬。齊姓姜，宋姓子，秦姓嬴，楚姓芈（讀如迷）。吳國號稱姓姬，越國號稱姓姒（讀如四），其實無姓。第二，除晉和宋在中國（中原）外，其餘都在邊緣。齊在東夷，秦在西戎，楚在南蠻，吳和越在百越。第三，稱霸的順序，是先黃河後長江。具體地說，是先在黃河下游（齊），然後黃河中游（晉和宋），然後黃河上游（秦），然後長江中游（楚），最後長江下游（吳和越）。

這可堪稱"跨過奔騰的黃河長江"。

連接起黃河長江的，是晉和楚。實際上從晉文公到楚靈王，霸主的位子基本上是由晉楚兩國輪流坐莊的。這一百年間的歷史，又可以分為晉國主霸、晉衰楚強、晉楚相爭、晉霸復興、晉楚共霸五個階段。[10] 其間，由於楚人北上爭霸，晉國的霸主地位只能得而復失，失而復得。同樣，由於晉國南下聯吳，楚國的擴張受阻，野心難以實現。這才有了魯襄公二十七年（公元前 546 年）的弭兵大會，中原地區暫時獲得了和平。歷史的舞台，則從黃河流域南移到長江流域。演出的大戲，也由齊、宋、晉、秦、楚“五侯爭霸”，變成楚、吳、越“三國演義”。

所以，楚人北上爭霸，晉國南下聯吳，都意義重大。

意義不僅是政治和軍事的，更是文化的。我們知道，作為春秋諸霸中唯一的姬姓大國，晉人實際上是兩周文明、華夏正宗和傳統文化的代表。吳國雖然自稱姬周之後，卻其實是蠻夷。實際上，説吳人是姬周冑裔，原本就很可疑，因為誰也拿不出證據。相反，他們“斷髮文身，裸以為飾”，卻是事實。

可見，就算吳人的先君太伯和仲雍是姬周，也早被蠻夷同化了，因此“棄在海濱，不與姬通”。[11] 問題是幾百年過去，他們都一直不與姬通，現在為甚麼通了？因為深知落後就會捱打，這才鋭意向中原諸夏學習。吳王壽夢的第四個兒子季札，甚至專程前往保存兩周禮樂最完整的魯國，在那裏觀摩學習，對周禮周樂頂禮膜拜，其熱情一如明治維新時期的日本人。於是到闔閭的時代，吳國的文明程度竟然已經“比于諸華”，[12] 躋身於華夏民族之林了。

吳國的崛起，並非沒有原因。

在這裏，我們看到了一個發展中的族群對先進文化的嚮往，也理解了他們為甚麼要自稱姬周冑裔。那與其説是對自己歷史的遠古記憶，不如説是對華夏文明的身份認同。同樣，我們也能理解諸姬、諸夏、諸華為甚麼會認可吳人的説法，那其實是對自己文化和文明的自信和自豪。

一個秘密，也由此部分地揭曉。

是的，中華文明在世界文明史中，有三個唯一。其中之一，就是第一代文明中唯一不曾中斷延續至今的。[13] 所謂“第一代文明”，就是直接從原始社會產生者，包括蘇美爾、埃及、印度河、夏、克里特、奧爾梅克，號稱“六大古代文明”。這六大文明，其餘五個都湮滅和隕落了。唯獨夏文明，發展為商，發展為周，發展為華夏，發展為漢唐，發展為中華文明。其中奧秘，竟在何處？

有三個詞極為關鍵：華、夏、中國。

中國一詞的最早文物證據，在何尊；最早文獻證據，在《尚書》和《詩經》。何尊是周成王時期的青銅器。何尊所説的“中國”，指成周（洛陽）。《尚書》和《詩經》所説的“中國”，包括商，也包括周，還包括遵守周禮的中原各國。可見那時的“中國”一詞，有三層意思：一、天下之中；二、文明程度最高的邦國和族群；三、傳統文化所在地。

與此相關的概念，是華夏。夏指地區或邦國，叫諸夏；華指人民或族群，叫諸華，也叫華人和華族。華夏合起來，稱為中國。

界定一個地區或邦國是不是夏，人民或族群是不是華，看文明程度。文明程度高的就是，低的就不是。衡量標準，在春秋就是周禮和周樂。因此，遵守周禮的中原諸侯自稱中國，把周文明圈以外的楚、吳、越看作蠻夷（楚、吳、越則稱前者為中國或上國）。甚至就連秦，雖然佔有宗周舊地，也被看作戎狄。[14]

然而爭霸戰爭把這個成見打破了。在黃河與長江的交響中，華夏改造着蠻夷，蠻夷也影響着華夏。最後，秦、楚、吳、越，包括被他們吞併和改造的其他蠻夷戎狄，都加入到同一行列裏來。中國的範圍擴大了，華夏的隊伍也壯大了。百川歸海的結果，是文明的擴容，更是延續和推進。也許，這就是秘密所在？

融合的同時，是解體。

解體也是必然的。首當其衝的，則是封建制或邦國制。這個制度的核心，不僅是封邦建國，也包括“禮樂征伐自天子出”，這才叫“天下有道”。[15] 但這是王權時代的事。到霸權時代，征伐皆自諸侯出，這本身就是禮壞樂崩。何況蠻夷如楚，是既不尊王，也不攘夷，只爭霸。爭霸，就不可能溫良恭儉讓。爭霸，就不能再墨守成規。井田、宗法、封建、禮樂這四大制度，還能繼續維持嗎？西周東周的國際秩序和遊戲規則，還能再保持嗎？

實際上，楚、吳、越三個蠻族的次第稱霸，本身就意味着兩周的制度和文化風光不再。所有的傳統都面臨挑戰，而且必將被刷新。因此，先是周王室日薄西山，後是晉公室土崩瓦解，各種政治力量都在春風秋雨中重新博弈。太老牌的華夏銳氣不足，太新銳的蠻夷底氣不足，將被一一淘汰。最後勝出的，只可能是率先華夏化的蠻夷——齊、秦、楚。

那就來看他們如何洗牌。

子產政改

南方崛起的同時，北方在政改。

政改第一人，是子產。

子產是鄭國的政治家，名僑。因為是鄭穆公的孫子，所以叫公孫僑。子產很早就表現出政治天賦。魯襄公八年（公元前 565 年），他的父親，鄭國司馬子國伐蔡成功，舉國慶賀，只有子產不以為然。子產說，一個小國，不修文德而治武功，沒有比這更能招來大禍的了。蔡是楚國的附庸。我們打了蔡國，楚國肯定要來打我們。到時候，我們能不順從楚國嗎？順從了楚國，晉國就會來報復，我們又打得過晉國嗎？晉國和楚國都來伐鄭，我們鄭國能有安寧嗎？

說這話時，子產還很年輕。因此子國痛罵他說：你一個小孩子懂得甚麼！[16]

然而此事不幸被子產言中，楚國和晉國果然輪番來伐鄭，鄭國也只好輪番與晉楚兩國結盟講和。兩年後，國難未已，家難又起。子產的父親子國和鄭國的執政，在內亂中被亂黨殺死。子產聞訊，不慌不忙地安排好各項工作，然後帶兵平叛。鄭國國人，從此對子產刮目相看。[17]

二十年後，子產在鄭國執政。

子產執政以後，就開始政改，作封洫（讀如恤），作丘賦，鑄刑鼎。封，就是田界；洫，就是水渠。作封洫，大約是重新規劃和分配土地。作丘賦，則可能是改革兵役法，也包括改革稅制。因為稅（出錢）和賦（出力），都與土地有關。這兩件事，當然會觸犯許多人的既得利益。因此改革之初，國內罵聲一片。作封洫時，有人編了歌謠來罵他：算我的家產好收費，量我的耕地好收稅。誰要能夠殺子產，我就跟他去站隊！作丘賦時，又有人編了歌謠來罵他：老爹變成冤鬼，自己去做蠍尾！此人發號施令，邦國悔無可悔！[18]

然而子產不為所動。

子產的說法，是"苟利社稷，死生以之。"[19] 就是說，只要對邦國有利，個人的生死是可以置之度外的。

因此，子產也不鉗制言論。當時，鄭國人喜歡在晚上到學校裏去聚會，因為春秋時期的學校同時也是俱樂部。國人聚在一起，說三道四，難免議論朝政。於是有人便建議子產把學校關了。子產說，為甚麼要關閉呢？讓他們議論好了。他們擁護的，我就大力推行；他們反對的，我就適當修改。利用公權力，當然可以不准大家說話。但那樣做，有好處嗎？[20]

事實上子產的改革，很快就收到了功效，老百姓也嚐到了甜頭。這個時候，又有人編了歌謠來誇他：我的子弟，子產教誨；我的糧產，子產加倍。子產死了，誰來接位？[21]

所謂民意，不過如此。

但子產的政改，還是觸動了根本，尤其是鑄刑鼎。鑄刑鼎，就是把刑法的條款鑄在鼎上，公之於眾。這對於東西兩周的政治體制和政治理念，其破壞都是顛覆性的。因此，晉國政治家叔向便寫信給子產提出批評。叔向說，先王以禮治國，不肯制定刑律，是怕民眾有不軌之心，這才主張效法聖人以德治國。德治，才能任意使用民眾而不生禍亂。相反，如果制定法律還公之於眾，民眾就只知道法律不知道尊長，只知道律條不知道禮儀，甚至咬文嚼字來規避懲罰。那樣一來，不就亂了嗎？在下聽說，國之將亡，必行改革，說的就是這事吧？[22]

叔向很敏感，他感到了危險。

這危險，就是禮壞樂崩。

對此，子產的態度是不爭論。他回信說：僑無能，不敢聽命，也不敢不拜謝！

其實子產未必一定喜歡法治，但也不認為德治和禮治完美無缺。這是有實踐可以證明的。魯昭公元年（公元前 541 年），鄭國發生一起刑事案件。起因，是鄭國大夫徐吾犯的妹妹長得漂亮，有兩位公孫都想娶她。公孫楚已經下了聘書，公孫黑又強行去送彩禮。徐吾犯左右為難，請執政子產做主。子產說，這是國家沒有治理好，不該讓大夫您為難。她願意嫁給誰就嫁給誰吧！

徐吾犯照辦，兩位公孫也先後如約來到徐吾犯家。公孫黑盛裝打扮，厚禮相送；公孫楚穿着軍裝進來，左右開弓射了幾箭，然後一個箭步跳上戰車就走。徐吾犯的妹妹便說，公孫黑確實漂亮極了，但公孫楚更像男子漢。

於是她嫁給了公孫楚。

然而公孫黑卻不肯罷休，居然闖進公孫楚家，準備殺了公孫楚再搶人，結果被公孫楚用戈擊傷。此案如在法治社會，一點都不難處理。公孫黑無理取鬧，強入民宅，涉嫌殺人和強奪他人之妻，公孫楚則是正當防衛。然而按照禮治原則，卻只能判公孫楚敗訴。因為公孫黑是上大夫，且年長為兄；公孫楚是下大夫，且年輕為弟。因此子產將公孫楚驅逐出境，算是維護了禮。

想來這事一定讓子產糾結。因此第二年公孫黑涉嫌謀反，子產就毫不留情判他自盡，而且把與公孫楚爭妻也算作他的罪狀之一。公孫黑說，我創傷復發，早晚會死，請不要助天為虐。子產說，人誰不死？惡人不得好死，這是天命。本執政不助天，難道助惡人不成？再不快死，劊子手就來了。公孫黑無奈，只好自己吊死。子產又讓他暴屍街頭，身上還放着陳述其罪狀的木簡。[23]

這事發生在鑄刑鼎的三年前。但子產的政改，顯然並不單純因為此事的刺激；鑄刑鼎的影響，也要深遠得多。事實上，子產有可能是法家學派的創始人，鄭國也有可能是法家學派的發源地；[24] 而德治與法治的分歧，則將從孔子一直爭論到韓非，我們將在本中華史第六卷《百家爭鳴》詳加論述。

魯國政變

子產政改的同時，魯國在政變。

政變雙方的交火，是在子產去世後五年發生的。其結果，政權表面上沒有被顛覆，國君卻實際上被趕跑。從此直到七年後新君即位，魯國都沒有國君。其實兵變失敗流亡國外的魯昭公即便回國，或沒有逃跑，也只是紙糊的面子。這次動亂，不過把面子撕破了而已。

是的，魯君早被架空，形同虛設。

這就不是一次政變可以完成的。實際上魯君的喪失權柄，如同周王的喪失權威，經歷了一個漫長的過程。如果說這也是政變，那麼，政變是緩慢進行的，甚至堪稱和平演變。可惜，《春秋》和《左傳》雖是魯國史書，對自己邦國的變故卻語焉不詳，我們只能從隻言片語中略知一二。

那麼，魯君的大權，旁落到了誰手裏？

三桓。

所謂“三桓”，就是三家大夫，或三個氏族和氏室。始祖，是魯莊公的三個弟弟：老二慶父、老三叔牙、老四季友。因為其後代都是公孫，便按照排行稱為孟孫氏、叔孫氏和季孫氏。又因為都是桓公之後，所以合稱“三桓”。

三桓的強大，與體制有關。我們在本中華史第三卷《奠基者》中說過，周天下類似於株式會社，各邦國也有點像公司。天下是總公司，總經理是天子，董事長是天。邦國是子公司，總經理諸侯，董事長是天子。但這種比喻，說的只是授權關係。實際上邦國的治理，諸侯更像董事長，多半聽政而不執政。作為一國之君，他們最主要的任務，是祭祀、結盟、宣戰、授爵，偏重於禮節性和禮儀性。具體的軍國事務，則交給卿和大夫。

顯然，國君是國家元首，卿大夫是政府首腦。因此，如果卿大夫的權勢足夠強大，可以包辦一切，那麼，國君的工作，便只剩下祭祀祖宗和神，正所謂“政由寧氏，祭則寡人。”[25] 卿大夫專政的衛國便是如此，後來三國時期的蜀漢也如此。劉禪的說法，便是“政由葛氏（諸葛亮），祭則寡人。”[26]

不過，卿大夫執政，又有兩種慣例。

第一種，是政權交給公族。公族包括公子和公孫，即老國君的兒子和孫子。公子和公孫都是公室的人，所以叫公族。公族中一位公子繼位，其他擔任卿大夫，共同執政，就叫"公族制"，魯和楚是。

另一種，是政權交給非公族，齊和晉是。齊國地位最高、權力最大、世代為卿的國子和高子，就不是公族，也不姓姜，姓姬。晉國則在獻公之時，就殺光了所有的公族。文公之後，執政的均非公族。這些異姓貴族如果長期執政變成世襲，就形成卿族。卿族執政的制度，無妨叫"卿族制"。

魯國實行的是公族制。有學者認為，這是因為魯國乃周公之後，遵守周禮，講究"親親"（重視血緣關係）和"尊尊"（維護等級制度）。其實這事與華夏或蠻夷甚麼的沒有太大關係。比如在楚國，擔任令尹、司馬等要職的，就歷來是公子，只不過他們自己叫王子。

三桓，就是長期把持魯國政權的公族。到這次兵變，他們執政已長達一個半世紀，歷經僖、文、宣、成、襄、昭六代。在這個漫長的過程中，魯國的國有資產逐漸地轉移到他們的名下，魯國的政治權力也逐漸地掌握在他們的手上。國君不被架空，才是怪事。

那麼，三桓又幹了些甚麼？

初稅畝，作丘甲，作三軍，分公室。前三件在子產之前，後一件在子產之後。

這四件事，涵蓋了經濟、軍事、政治諸多方面。初稅畝，就是初步實現稅畝制；作丘甲，則是普遍推行丘甲制。稅畝制即按畝收稅，丘甲制即按丘徵兵（包括兵員和兵器）。[27] 具體做法不清楚，但稅畝制被看作與民爭利，丘甲制的制定則據説是為了防止齊國侵略。[28] 因此可以肯定，其結果是富國強兵。

問題在於，強盛起來的魯國，是誰的？

三桓的。

所以，到子產執政的十九年前，魯國作三軍。魯國原本有兩軍。現在變成三軍，並不是增加一軍，而是把原來歸公室所有、由魯君指揮的兩軍打散，重新組建編制。新組建的三軍，季孫氏、叔孫氏、孟孫氏各掌一軍。不足的兵乘，三桓用自己的私家軍隊來補充。這在表面上看來，是他們為邦國做了貢獻，但這三軍的編制權和指揮權，在三家手裏。因此，他們其實是把魯國的國軍，變成了自己的家軍，故《左傳》稱之為“三分公室而各有其一”。[29]

二十五年後，也就是子產鑄刑鼎的前一年，三桓再次瓜分公室。他們把魯國的國有資產分成四股，季孫氏得兩股，叔孫氏和孟孫氏各得一股，然後每家交點提成給國君，其實不過蠅頭小利。堂堂一國之君，幾乎變成叫花子。[30]

這真可謂欺人太甚，魯君也終於忍無可忍。魯昭公二十五年（公元前 517 年）九月十一日，昭公率領親信和親兵進攻魯國執政季平子的府邸。季平子猝不及防，登上府中高台向昭公喊話，請求昭公對自己開庭審判，昭公不同意；請求到自己的采邑閉門思過，昭公也不同意；請求帶少量親兵流亡國外，昭公還是不同意。三讓而不果，臉就撕破了，只有刀兵相見。

問題是這時的三桓，早已儼然國中之國。叔孫氏的司馬便對手下人說：我是家臣，不敢考慮甚麼國不國的。我只問一句話，有季孫氏和沒季孫氏，哪種情況對我們家有利？眾人都說，沒有季孫氏，就沒有叔孫氏。於是叔孫氏的親兵立馬去救季平子。孟孫氏的家臣看見叔孫氏軍旗招展，沒有片刻猶豫就殺了昭公派來的使者，也去救援。三家聯手，昭公哪能對付？也只能落荒而逃。

一場兵變，以昭公狼狽逃竄告終。[31]

這當然是典型的禮壞樂崩，但三桓也遭到了報應。就在他們蠻橫對待自己國君的同時，他們的家臣也在用同樣的態度和方式對待自己的家君。魯定公五年（公元前 505 年），也就是吳王闔閭攻入楚國郢都的第二年，季平子去世。季孫氏的家臣陽虎，趁機軟禁了接班人季桓子，逼他簽訂城下之盟，讓自己執掌魯國國政達三年之久。[32] 三年後，陽虎的野心更加膨脹，陰謀幹掉三桓的掌門人，由自己和同夥取而代之。

這回，輪到季桓子變成魯昭公，體會一下甚麼叫君臣易位，犯上作亂了。

陽虎的計劃，是先請季桓子吃飯，然後在宴席上謀殺他。於是陽虎驅車走在前面，他的堂弟陽越殿後，季桓子夾在當中。桓子感覺情況不妙，便對自己的駕駛員林楚說：你們家祖祖輩輩都是我季氏良臣，希望你能繼承傳統。

林楚說，晚了。陽虎已經成了氣候。

桓子說，晚甚麼？不晚。我問你，你現在能帶我去孟孫氏家嗎？

林楚說，臣不敢貪生，就怕於事無補。

桓子說，那就走！

於是林楚拍馬飛車前往孟孫氏家。靠着孟孫氏的救援，季桓子逃過一死，政權重新回到三桓手裏。[33] 三桓好歹是公族，所以魯君的面子仍然用紙糊着。即便如此，春秋最後一任魯君哀公，也還是逃到了越國，請勾踐做他的保護人。[34]

有趣的，是輿論。

魯昭公死在國外後，有人問晉國的史官史墨怎麼看。史墨居然說，這有甚麼可大驚小怪！社稷的祭祀者並不一定就非得是某姓某族，君臣關係也不會一成不變。自古以來，就是這樣嘛！[35]

好一個“社稷無常奉，君臣無常位”！照這個邏輯，臣變君，君換人，也都是可能的了？

沒錯。齊和晉，即如此。

田陳代齊

奪取了齊國政權的，是田陳氏。

齊國原本也是蠻夷。他們的始祖姓姜，屬於羌戎，是諸羌而非諸夏。只因與姬周關係密切，世代通婚，休戚與共，這才成為華夏一員。齊國的受封之地，則在東夷，而且是殷商的老窩。姜太公到了這裏，也沒像周公的兒子伯禽到了魯國那樣，要"變其俗，革其禮"，反倒"因其俗，簡其禮"，而且"通商工之業，便魚鹽之利。"也就是說，姜太公因勢利導因地制宜，把西戎、東夷、殷商（工商）、姬周（農業）這些不同的文化都結合起來，走上了獨特的發展道路。

這就是齊能夠大國崛起的秘密。[36]

所以，齊魯雖然是近鄰，但兩國的作風和傳統，卻大相徑庭。魯國實行的是公族制，齊國實行的是卿族制。後來取代齊君的，就是卿族田陳氏。

田陳氏的始祖名叫完，本是陳國公子，由於國內動亂而投奔齊桓公，從此落戶在齊，稱為陳氏，也叫田氏。陳和田，在當時讀音相同，一回事。只不過春秋稱陳，戰國稱田；《左傳》稱陳，《史記》稱田，因此不妨稱為田陳氏。

那麼，田陳怎樣取代姜齊？

和平演變。

演變其實是政變，這跟魯國是一樣的。只不過，三桓化公為私，田陳則收買人心。這事至少在景公時代就開始了。齊景公是個貪婪的人。當時齊國民眾的收入，三分之二要交給公家，留給自己的只有三分之一。結果，景公的國庫裏，糧食多得吃不完，生蟲長蛆；衣料多得用不完，破爛腐朽。老百姓卻食不果腹，衣不蔽體，凍餒倒斃於路途。齊國的刑律又苛嚴，民眾動不動就會被砍腿砍腳，以至於“國之諸市，履賤踴貴”，鞋子賣不掉，假肢買不着。

田陳的氏室，則反其道而行之。老百姓向他們家借貸，他們用特製的大容器多給；收租、收税、收貸，則用法定的小容器少收。從山上採購木材，從海邊採購魚鹽，進價是多少，賣價也是多少。如果民眾家庭困難，他們還給救濟。這就不僅是讓利於民，而且是普施恩惠。難怪齊國的民眾對田陳氏室，會“愛之如父母，而歸之如流水。”田陳在齊國，簡直就是“人民的大救星”。

所以，齊景公九年（公元前539年），出使晉國的齊國政治家晏嬰，便對晉國政治家叔向說，國君拋棄自己的子民，他們只能到田陳氏那裏去。我不保證將來陳家會不會得到邦國。但我們齊，肯定已經是末世了。[37]

然而齊景公對此，似乎並沒有多少警覺。反倒是田陳氏的第五代掌門人陳桓子，聽從晏嬰的建議，把自己從內亂中獲得的資產全部交還給公家。他還召回流亡國外的公族，增加他們的俸祿，封給他們采邑。對沒有爵位的公子公孫，他私下裏分給田地；對孤苦伶仃的弱勢群體，他私下裏分給糧食。

田陳氏大得人心。[38]

齊景公終於開始覺得有問題。有一次，景公和晏嬰聊天。景公說，寡人的宮室美輪美奐，卻不知道將來是誰的。晏嬰說，田陳氏的吧？田陳氏雖然沒有甚麼大的功德，但民眾對他們家的春風雨露，已經載歌載舞了。

景公問：有辦法嗎？

晏嬰說，有。辦法，就是禮治。君令臣恭，父慈子孝，兄愛弟敬，夫和妻柔，婆母慈祥兒媳婦順從，這就是禮。

景公說，我知道禮能治國了。[39]

其實相同的意見孔子也發表過。就在景公與晏嬰對話的前一年，魯昭公討伐季孫氏兵敗逃亡，孔子隨後也到了齊國。齊景公向孔子問政，孔子的回答便是“君君，臣臣，父父，子子”。意思很清楚，君要像君，臣要像臣，父要像父，子要像子。每個人都恪守禮儀，遵守規範，天下就太平。

可惜孔夫子是“不説白不説，説了也白説”，晏夫子則是“不問我不説，説了也不做”。事實上，阻撓孔子在齊國實行禮治的不是別人，正是晏嬰。晏嬰對景公説，王室衰微，不可救了；禮壞樂崩，好些年了。孔丘那一套，沒用。

孔子只好打道回府。[40]

晏嬰為甚麼要反孔，讀者自可見仁見智。但他説禮樂的崩壞已積重難返，則是事實。因此，以晏嬰之多智，便既不能挽救姜齊的沒落，也無法阻止田陳的壯大，只能聽天由命。也因此，他在齊國的政治鬥爭中嚴守中立，對所有的政變都不支持，不反對，不摻和，最後得以善終。

慢慢強大起來的田陳氏，卻越來越多地參與政治。齊景公去世後，他們先是幹掉了齊國最大的兩家卿族國子和高子，然後通過廢立國君，掌握了齊國的大權。齊悼公和齊平公，就是他們家立的；齊簡公，則是他們殺的。立悼公的，是田陳氏的第六代掌門人僖子；殺簡公立平公的，是第七代掌門人成子。

成子跟他的祖先一樣，具有政治天賦。他對齊平公說，人之常情，是喜歡受賞，憎恨受罰。所以，你我君臣，不妨這樣分工：賞賜的好事，君上來做；懲罰的惡名，臣下來背。平公見美譽歸自己，成子做惡人，欣然同意。但他哪裏知道，人之常情，固然是喜歡賞賜，卻更害怕懲罰。懲罰的權柄捏在成子手裏，國人畏懼的就不是平公，而是成子了。

何況可以生殺，便可以予奪。於是成子趁機消滅了所有的異己，又把齊國的大片土地收入自己的囊中。采邑面積之大，遠遠超過平公能夠控制的國土。等到田陳氏第十代掌門人田和相齊時，田陳代齊，便只需要一道手續了。

公元前 386 年，周王冊封田和為諸侯。七年後，只剩下一座城邑的齊康公去世，姜齊徹底滅亡。之後的齊，戰國的齊，不再姓姜，姓陳或田。[41]

三家分晉

齊國改姓前，晉國先沒了。

與姜齊相反，晉國原本是正宗的姬周。他們的始封之君，是周成王的弟弟唐叔虞。春秋前半段，晉人幾乎代表着華夏正統，與東夷（齊）、西戎（秦）、南蠻（楚）、北狄（狄族各部落國家）抗衡，尊王攘夷，安定天下。可以說，如果沒有晉，華夏文明或許早已淪亡，中華歷史也要重新改寫。

然而與周、魯、鄭、衛諸姬，甚至與宋相比，晉又更像戎狄。他們的封地原本就是戎狄的遊牧地區，建國之初實行的土地政策也不是周制，而是狄制。[42] 後來他們長期伐狄，征服對方的同時也難免部分被同化，變成半戎狄化的華夏。晉人霸道，能夠長期維持霸權，恐怕就因為他們身上有戎狄的血氣和血性。

晉，是有霸氣的。

霸氣的晉國亂得很早。春秋之前，就曾"一國兩都"，既有翼（又名絳，今山西省翼城縣），又有曲沃（今山西省聞喜縣）。[43] 兩都兩君，一個是穆侯的嫡子文侯，以及文侯的後代；另一個是文侯的弟弟桓叔，以及桓叔的後代，即莊伯和武公。前者顯然是嫡傳，是正宗，後者不是。然而桓叔受封之時，曲沃便大於國都。六十七年後，晉國的世系更被偷樑換柱，變成非嫡傳的這支了。

也許，正因為有這樣的歷史教訓，春秋以後的晉國不再信任公族。晉獻公甚至殺光了桓叔和莊伯的後代，以防禍起蕭牆。獻公自己的兒子，則死的死，逃的逃。所以從惠公和文公起，晉國的執政者便都是異姓貴族。

這樣一來，晉國安穩了嗎？

沒有。

事實上，異姓貴族如果權勢極大，而且卿位世襲，就會形成卿族。卿族雖然是異姓，對公室的威脅卻不亞於公族。晉靈公，就是趙盾的堂弟趙穿殺的；晉厲公，則是欒書和中行偃殺的。所以，接替晉厲公為君的晉悼公，便不得不在即位前與這些異姓貴族約法三章。

悼公是欒書派知罃和士魴接回國的，當時還只有十四歲。

悼公説，一個邦國之所以需要國君，就因為要有人發號施令。如果立了國君又不聽他的，請問立他幹甚麼？需不需要我，聽不聽我的，都在今天一言為定。於是那些平時專橫跋扈的異姓貴族都説：這也是臣等的心願，敢不唯命是從！[44]

好一個晉悼公，真是識見不凡，也氣度不凡。

然而就連晉悼公，也無法從根本上改變卿族專政的趨勢。實際上正是從悼公的時代開始，卿族的力量變得更加強大。執政的異姓貴族也由原來的十多家，變成只剩下六個氏室，這就是趙、范、中行（讀如杭）、知（讀如智，亦同智）、魏、韓，號稱六卿。六卿中地位最高的，是正卿，即首席執行官。首席執行官照例同時擔任中軍的軍長。他在戰時是全軍元帥，平時是全國首相，可以説集軍政大權於一身。悼公後的一百年間，這個職位就由六卿輪流坐莊。

顯然，卿族形成的過程，也是權力集中的過程。從十多家異姓貴族，到只剩下六卿，是他們的第一輪淘汰賽。

第一輪競爭中差一點被淘汰的，是後來成了大氣候的趙氏。魯成公八年（公元前 583 年），也就是楚國大夫巫臣出使吳國的第二年，晉景公聽信讒言，發兵圍剿趙家大開殺戒，趙氏幾乎滅族。只是由於韓厥出面説情，趙朔的兒子趙武才倖免於難，並被復封。[45]

這事後來被演繹為“趙氏孤兒”的故事。不過《史記》的說法來自戰國時期的民間傳說，並不可靠。靠得住的是趙武不但光復了祖業，而且把趙氏發展為卿族中勢力最強大的一支。因此趙武死後，被謚為"文"。

但，災難再次降臨。

魯定公十三年（公元前 497 年），也就是吳越檇李之戰前一年，范氏和中行氏趁趙氏內亂之機，起兵攻趙。趙氏掌門人，趙武的孫子趙鞅（趙簡子）逃到晉陽（在今山西省太原市），並被圍困。幸好，知、韓、魏三家站在趙一邊，這才反敗為勝，戰敗的范氏和中行氏則逃到了朝歌（今河南省淇縣）。[46]

之後就是一場國際混戰，齊國、魯國、衛國、宋國、鄭國、鮮虞都與范氏和中行氏同盟，從魯國叛逃的陽虎則成為趙鞅的幫手。魯哀公二年（公元前 493 年），也就是吳王夫差伐越的第二年，齊國給范氏和中行氏輸送軍糧，讓鄭國派兵押運。趙鞅對手下人說，成敗在此一舉。但凡戰勝敵人的，上大夫賞縣，下大夫賞郡，士賞田地千畝，庶人、商人、工人做官，奴隸解放。[47]

此戰的結果，是趙軍大獲全勝。於是趙鞅如釋重負地說：這下行了。因為第二輪淘汰賽的結果，肯定是范氏和中行氏出局，剩下的只是時間問題。然而趙鞅的一位下屬卻說，怎麼會行了呢？不是還有智伯嗎？[48]

是的，還有智伯。

果然，三十年後，智伯發起了第三輪淘汰賽。智伯就是知氏氏族的掌門人，這時的智伯是知襄子，叫荀瑤。趙、魏、韓三家的掌門人，則是趙襄子（無恤）、魏桓子和韓康子。范氏和中行氏滅亡後，四家瓜分了他們的地盤。知氏得地最多，卻繼續向三家索要。韓和魏只好割地，趙襄子卻寸土不讓。於是智伯聯合韓魏伐趙，圍困晉陽。聯軍掘開汾水灌城，只差六尺就會把全城淹沒。晉陽城內，也像當年被楚莊王圍困的宋都，易子而食，懸釜而炊。

趙氏危在旦夕。

然而天不滅趙。韓康子和魏桓子深知，智伯在滅了趙襄子後絕不會罷手，下一個被滅的就輪到自己。因此他們在關鍵時刻反戈一擊，與趙襄子聯手滅知，智伯兵敗身亡。趙襄子為了解恨，還把智伯的頭蓋骨做成了酒具或夜壺，惹得豫讓拼死拼活要來復仇。這故事，我們在《青春誌》一開始就講了。

知氏出局，地盤被趙、魏、韓三家瓜分，號稱“三晉”。三晉的實力遠遠大於那可憐兮兮的晉君。他們從大夫變成諸侯，已經只需要一道手續。[49]

晉國滅亡，戰國開始，也只需要一道手續。

店老闆對商鞅說，商君有規定，
如果住店客人不能出示身份證件，
那麼，這人將來判甚麼罪、受甚麼罰，
旅店老闆也判甚麼罪、受甚麼罰。
被誣告而逃亡的商鞅長歎一聲說：
真沒想到，我變法立法的弊病竟到了這個份上！

第五章

商鞅變法

世道變了

三家滅知，戰國開始。

戰國常常被看作春秋的延續，或與春秋同一時代，叫春秋戰國。這其實是極大的誤解。實際上，春秋與戰國是兩個時代，中間也隔了好幾十年。只不過由於史料的匱乏，我們對這幾十年的情況知之甚少。但可以肯定，戰國與春秋的差別不會小於男人和女人，儘管男女都是人。

比如戰爭。

戰爭是春秋和戰國都有的，然而性質和方式卻截然不同。春秋的戰爭更像是競技體育，講究外交禮儀和遊戲規則，包括不斬來使、不鼓不成列、不重傷、不逐北、不擒二毛等，我們在《青春誌》中講過。諸侯們宣戰的目的，則主要是炫耀武力，嚇唬對方，拉幫結派，爭當霸主。最卑鄙的動機，也不過掠奪財富和擴張勢力。這樣的事情當然也不少。春秋早期，中華大地上的邦國據說有上百，到晚期只剩下二十幾個，便是證明。

春秋戰爭中最卑鄙的勾當，是楚文王幹的。事情發生在魯莊公十年到十五年間，牽涉到的邦國有陳（今河南省淮陽縣）、蔡（今河南省上蔡縣）、息（今河南省息縣）。當時，陳國一位公主嫁到息國，路過蔡。碰巧蔡哀侯的夫人也是陳國公主，自然要盡地主之誼。可是這位陳國公主或者說息國夫人，實在是太漂亮了。蔡哀侯一見，便完全不能控制自己，言行舉止頗為輕佻。息侯聞訊大怒，一狀告到楚文王那裏。楚文王受理了此案，當真去討伐蔡國，還俘虜了蔡哀侯。蔡侯為了報復，則慫恿楚文王去搶息夫人。楚文王聽了蔡侯的描述，居然當真滅了息國，把息夫人據為己有。

這可真是蠻夷的行徑。

成為楚文王女人的息夫人，後來被稱作文夫人。她為楚文王生了兩個兒子，其中一個就是楚成王。然而許多年下來，這位美女從來不主動說話。楚文王問她為甚麼，息夫人回答：我一個小女子，事奉了兩位丈夫，還有甚麼話可說？楚文王無言以對。他出氣的辦法，是把蔡國又痛打了一頓。[1]

不過，搶地搶錢搶女人，往往是順手牽羊。因此，也有把搶來的土地和人民還回去的，甚至還有用閱兵來替代實戰的。比如召陵之戰，就沒有真打；楚莊王伐陳，陳國也沒有被滅。當然，莊王原本已經把陳變成了楚國的一個縣。但被大臣一勸，又還給了陳人。他甚至沒將夏姬收入宮中，儘管夏姬之性感未必亞於息夫人。[2]

這時的楚國，已經變成華夏了。

士和大夫參戰的目的，在春秋主要為榮譽，包括邦國和個人的榮譽。因此在整部《左傳》中，可殺不可辱的史不絕書，貪生怕死臨陣脱逃的卻一個沒有。當然，春秋晚期也出了兩個膽小鬼，一個是趙武的孫子趙羅，一個是衛國的太子蒯聵（讀如愧）。當時，趙鞅發兵攔截給范氏和中行氏送糧的鄭軍，他倆和魯國的陽虎都參戰。趙羅單獨一輛戰車，蒯聵則擔任趙鞅的車右。陽虎英勇奮戰，那兩個卻嚇得半死，蒯聵甚至嚇得自己跳下車來。趙羅的駕駛員沒有辦法，只好用繩子把他綁在車上。蒯聵則被趙鞅的駕駛員拽上車去，還被斥為像個女人。

然而蒯聵重新上車後，表現卻非常出色。他不但救了受傷的趙鞅，還接替趙鞅指揮戰鬥，繳獲軍糧一千車。所以戰後論功行賞，蒯聵便自稱是車右中功勞最大的。趙鞅的駕駛員則説，驂馬的肚帶快斷了，我還能控制戰車，我是駕駛員中功勞最大的。為了證明這一點，這位駕駛員往空車裏面裝了些小木材，驂馬的肚帶立即就斷了。[3]

這就是春秋的戰爭。

的確，戰爭在春秋是榮耀的事，也是體面的事，還是君子的事，因此流血而不嗜血，有血性而無血腥。即便是城濮這樣的大戰，時間也只有一天。一旦決出勝負，就各自收兵，絕不趕盡殺絕。像越王勾踐那樣把吳都一圍三年，已是蠻夷作風和戰國做派，為正人君子所不恥。

然而在戰國，一場戰爭打幾個月，是很正常的。殺人上萬，也稀鬆平常。比如秦國，從獻公到嬴政，大規模殲敵的戰爭十五次，敵方死亡總人數一百零二萬八千。其中最慘絕人寰的，是秦將白起在伊闕之戰斬敵首級二十四萬，在長平之戰活埋降卒四十萬。[4] 至於屠城這樣的野蠻行徑，當然也是戰國的發明。[5]

世道變了。一個新的時代已經開始。

天子沒了

為新時代加蓋公章的，是周威烈王。

公元前 403 年，威烈王簽署命令，冊封晉國趙籍、魏斯、韓虔為諸侯。原來的晉君也保留了名位，但僅有絳和曲沃。其他地盤，盡入趙、魏、韓。[6]

春秋時期的頭號霸權大國，就這樣沒了。

三個新的國家，則在分裂中誕生。

沒人知道周威烈王當時怎麼想。也許，在這樣一個禮壞樂崩的末世，天子還能行使封邦建國的權力，是應該竊喜的。但他同時也應該清楚，這一回的封建跟當初封齊封魯，後來封鄭封秦完全兩樣。那時，是天子想封誰，就封誰。現在，卻是讓你封，就得封。一樣嗎？

其實，不但趙、魏、韓是嶄新的，整個天下都今非昔比。我們知道，世界上的國家有兩種。一種是一個城市加周邊農村，叫"城市國家"；[7] 另一種則是中心城市（國都）加許多城市再加廣闊農村，叫"領土國家"。春秋是兩種國家並存的。那些霸權國都是領土國家，許多被吞併的小國則是城市國家。

這樣的小國，戰國時還有嗎？

沒有。戰國七雄，都是領土國家。當他們橫行天下時，不要說那些小小的城市國家，就連許多中等規模的領土國家，也都被兼併或變相兼併。鄭，不就被韓國滅了嗎？衛，不是變成了附庸小國嗎？

更重要的，是主權。

西周的邦國是沒有獨立主權的，禮樂征伐都必須自天子出。春秋的邦國則有"半獨立主權"，諸侯可以自由地徵稅、擴軍、宣戰、媾和、結盟，甚至吞併小國，侵略天子，壓迫中央，根本不把王室放在眼裏。同樣，那些強大強悍的氏室，比如魯的三桓和晉的六卿，也公然無視公室的存在，自說自話地徵稅、擴軍、宣戰、媾和、結盟，吞併其他氏族。這哪裏還是家？明明是國。

魯、晉、齊的國君，豈非形同虛設？

這時的天子，也徒有其名。

當然，名分還是重要的。就算夫妻離婚，房產過戶，也得辦手續。所以三家分晉，田陳代齊，還需要周王認可。這位名義上的天下共主，就相當於民政部門和房管部門。但，這與其說是法理如此，不如說是習慣使然。

習慣是可以改變的，而且改變起來也並不那麼麻煩。最簡單的辦法，是把自己變成王。這事楚人在西周時就試運行過，到東周則正式稱王。以後，又有吳和越。當然，他們都是南方蠻夷，並不算數。

進入戰國後，北方諸國也紛紛見賢思齊，相繼稱王。[8] 就連奄奄一息的宋也不甘寂寞，秦和齊甚至還曾稱帝（但很快恢復為王）。總之，大約在戰國過了三分之一的時候，所有的公國都變成了王國。

公國變王國，意義重大。

意義不在等級和面子。名號體現的是國家性質。從夏到秦，名號不斷變更，性質也不斷變革。大體上說，夏方國，商伯國，西周侯國，春秋公國，戰國王國，秦漢帝國。方國就是部落國家，伯國則是部落國家聯盟成員國。這時，國家形態還不成熟，無所謂主權。西周建立特殊的國家聯盟，成員國即侯國。但諸侯國係周王所封，所以又叫封國或邦國。侯國是沒有獨立主權的。變成公國，就有了半獨立主權；變成王國，則有完全的獨立主權。

沒錯，獨立王國。

一個由獨立王國組成的天下，可是不需要甚麼共主的。日薄西山的周，後來也分裂為兩個城市國家，分別叫東周國和西周國。他們的國君也不敢再稱王，而是稱君。這時，不但諸侯們都已成為國王，就連蘇秦也死了。

這樣看，當年威烈王冊封三晉，周安王冊封田和，其實是給自己簽署了死刑判決書。這死刑判決，是給封建制度的，也是給邦國時代的，更是給周天子的。

是的，天子沒了。

但，天子又似乎是不能沒有的。大家都是王，等於沒有王。因此，國王們只能頻繁地發動戰爭，最後打出一個天子來。

這個新的天子，就是秦始皇。

秦始皇建立的，是帝國。

帝國是一定要建立的，也是一定會建立的，卻未必一定由秦來建立。比如楚和齊，便都有資格。所以秦兼天下，楚最不服；而楚雖三戶，亡秦必楚。不過在我們看來，最該後悔的卻不是楚，更不是齊，而是魏。

這錯不該犯

魏惠王最大的錯誤，是看走了眼。

的確，如果不是魏惠王小看了一個人，那麼，在戰國激烈的競爭中，最後勝出的就可能不是秦，而是魏。事實上，魏在戰國初期，原本是最有活力也最有希望的。魏的第一任國君魏文侯，雄才大略，奮發有為，禮賢下士。他不但自己拜在孔子學生子夏的門下，還請來子夏的兩個學生做左膀右臂，這就是政治家李悝（讀如虧）和軍事家吳起。再加上大名鼎鼎的地方官西門豹，文侯的麾下人才濟濟，魏國的發展也蒸蒸日上。相反，這時的秦國還被視為戎狄，毫無起色。

這就像極了春秋。春秋，是鄭國先崛起，然後讓位於晉。戰國，則是魏國先興盛，然後讓位於秦。戰國的魏文侯，就是春秋的鄭莊公。看來歷史的選擇並非先入為主，後來居上反倒極為可能。這實在是意味深長。

那麼，秦又為甚麼能後發制人？

因為商鞅。[9]

至少，商鞅的作用很大。

商鞅是孟子和莊子的同時代人，但比他們倆稍微年長一點。因為後來受封於商，所以被稱為商君或商鞅，其實本名叫公孫鞅，又叫衛鞅。顧名思義，可知他本是衛國的公族。但可惜，他這個公孫是庶出，衛國又已淪為魏國的附庸。於是年輕時的商鞅或公孫鞅，便只能去做魏國宰相公叔痤（讀如磋）的家臣。

這時的魏君，就是魏惠王。

魏惠王是很器重公叔痤的。因此公叔痤病重時，魏惠王就去探望，並詢問後事。魏惠王說：先生如果有個三長兩短，寡人和寡人的社稷可怎麼辦？

公叔痤推薦商鞅接替自己。

魏惠王聽了，一言不發。

於是公叔痤就請魏惠王屏退左右，然後說：王上，如果不用公孫鞅，那就一定要把他殺了，別讓他跑掉。

魏惠王說：諾。

惠王一走，公叔痤就把商鞅叫來，把所有的情況都告訴了他。然後抱歉地說，我這是先公後私，先君後臣，你就趕快跑吧！

商鞅卻淡然一笑說，大王既然不能聽主公的話而用臣，哪裏又會來殺臣？

不出商鞅所料，魏惠王果然沒殺他。不但不殺，還對身邊人說：公叔怕是病糊塗了吧？居然要寡人用公孫鞅為相。這不是太搞笑了嗎？

其實公叔痤一點都不可笑，反倒是魏惠王很快就悔之莫及。二十年後，魏國連吃了兩次敗仗。第一次是敗給齊國，結果是大將龐涓戰死，太子申被俘。這就是歷史上有名的馬陵之戰，是軍事家孫臏的傑作。

敗給齊國的第二年，魏國又敗給了秦。這一仗，則是商鞅的傑作。當時，魏軍的統帥是公子卬（讀如昂），與商鞅可能有點交情。於是商鞅就寫信給公子卬說，你我在魏國，本是好朋友。現在成為敵人，實在是下不了手。不如我們私底下講和，然後各自回國去安定國家。公子卬以為然，毫無防備地前來赴宴。他哪裏知道，這一仗原本就是商鞅要打的，屏風後面也埋伏了甲兵。商鞅一聲令下，甲士蜂擁而出，秦軍也乘勢出擊。結果，魏軍大敗，公子卬被俘。

商鞅這招，多少有點不地道。他是把交情變成了武器。但，兵以詐立。何況商鞅與魏國，也早已恩斷情絕，哪有甚麼信譽可言？

然而一敗再敗對於魏國，後果卻很嚴重。再也無力支撐的魏惠王，只好割地求和，並把國都從安邑（今山西省夏縣）遷到大梁（今河南省開封市），所以後來他也被叫作梁惠王。這時，他終於明白公叔痤並不糊塗，糊塗的是他自己。魏惠王一聲長歎說：寡人只恨當初沒聽公叔痤的！

說這話時，估計他連腸子都悔青了。

是的。這個錯誤，他不該犯。

商鞅是在公叔痤病故後離開魏國的。他走的時候，沒有依戀，也沒有糾結。實際上從春秋晚期開始，士，即當時的知識階層和白領階層，便都是天下主義者。在他們看來，天下比邦國重要得多。就連最有道德感如孔子，也不過是離開魯國的時候走得慢點，離開別國的時候走得快些。至於公孫鞅，就更不必有甚麼過意不去。是啊，魏惠王既然不肯用我，那我就跳槽。

對！此處不留爺，自有留爺處。

商鞅的留爺處，就是秦。

只能霸道

商鞅去見秦孝公，據説帶了三套方案。

哪三套方案？

帝道，王道，霸道。

三套方案，分了三次來談。先説帝道，孝公無動於衷；再説王道，孝公昏然欲睡；最後説霸道，孝公聽得入神，膝蓋移出了座席都沒有感覺。

這完全不奇怪。因為這時的秦，情況相當不好。秦穆公稱霸中原的夢想破滅後，霸權就一直在晉楚兩國手中。東邊的晉，南方的楚，把秦國擠壓在狹小的戎狄地區，完全沒有發展空間。而且，無論是華夏正宗晉，還是蠻夷之邦楚，都視秦人為夷狄，不邀請甚至不允許他們參加中國的盟會。[10]

這實在讓人憋屈。

秦孝公下令求賢，就是要改變現狀，讓秦國迅速崛起。

目的如此明確，帝道和王道便顯然不合時宜。帝道即堯舜之道，王道即湯武之道。前者屬於部落時代，後者屬於邦國時代，都不適用於戰國時代。秦孝公跟商鞅討論興國之路，話也説得很清楚：帝道和王道固然好，但當真實現起碼也得幾十上百年，寡人哪能等那麼久？

空談誤國，實幹興邦，得來點管用的東西。

管用的，是霸道。

表面上看，霸道就是五霸之道。但在商鞅那裏，卻其實是強國之道，甚至是強國之術。術當然比不上道，可惜道不能當飯吃。何況兵強馬壯，才能稱王稱霸；先成霸業，才能再成帝業。這道理，商鞅清楚，孝公明白。

於是重用商鞅，行霸道，變法度。

所謂變法，其實就是改制。改哪個制？邦國制。邦國制的特點是分權。天子分權予諸侯，因此封邦建國；諸侯分權予大夫，因此封土立家。可見，分權、封建、邦國，是三位一體的。

然而權力一旦下放，就收不回來；下級一旦強勢，上級就只好空城。結果是前有五霸，天子被架空；後有三桓，諸侯被架空。架空了諸侯的大夫如季孫氏，又被家臣架空。國君被架空，國必亡；家君被架空，家必滅。於是晉國分裂，齊國易主，魯國衰落。教訓啊！

痛定思痛，必須變分權為集權，改周制為秦制。

問題是，怎麼改？

釜底抽薪。

甚麼是釜？封建貴族。甚麼是薪？爵位世襲，采邑私有，無功受祿。春秋那些跋扈的貴族，無論魯國的公族，晉國的卿族，都如此。正因為有此特權，國君才拿他們沒有辦法，他們也才能擁兵自重，盤踞采邑，架空國君。顯然，要想集權救國，必先幹掉貴族。

當然，貴族不可能馬上被消滅。商鞅的辦法，是以新貴代舊貴。具體方案，則是不論血統論軍功。新法頒佈後，所有的貴族都必須先從沒有軍功的宗室做起，然後按照軍功的大小重新確定尊卑、貴賤、爵位、俸祿。沒有軍功的，取消名位，降為民戶中的地主和富人。有軍功的，爵位最高也不過封侯。而且，只要有軍功，哪怕不是宗室，也能封侯，成為新貴。

新貴和舊貴，有甚麼不同？

舊貴是領主，新貴是地主。按照周制，大夫對自己的采邑（家），是有治權的。而且這治權，諸侯還不能干預。采邑中的臣民，包括家臣和子民，在法理上和道德上都只忠於家君（大夫），不必也不能忠於國君（諸侯）。然而按照秦制，新貴（侯）對自己的封地，則既無產權，又無治權，只有財權。也就是說，他們只收租稅，不理民事。原先附屬於領主的那些臣民，則重新編組，由地方官管理，變成直屬國君的編戶齊民。

這一改革的直接結果是領主沒有了。領主沒有了，領地自然也沒有了。從此，秦國不再有采邑，只有郡縣。全國設為三十一個縣，置縣令（縣長）和縣丞（副縣長）治理。以後奪取他國之地，也不立封國和采邑。既沒有領地，又沒有領主，也就沒有了真正意義上的貴族。

沒有了貴族，就沒有了需要世襲的爵位。因此，無論卿大夫，還是地方官，所有官員都由國君任命，按能力任職，不再按爵位世襲。有能力有才幹的，即便不是秦國人，也可以進入領導層和決策層。

這就是商鞅的政治體制改革，它的內容可以概括為三句話：廢領主制，行地主制；廢封建制，行郡縣制；廢世襲制，行任命制。這樣一種根本性的變革，當然不可能由商鞅一人來完成，也不可能在短時間內完成。然而在這裏，我們卻分明看到了未來帝國的影子。

商鞅變法的歷史意義，正在於此。

變法的實際意義，則是中央集權。這是秦國改革的重中之重。事實上，原先隸屬於領主的臣民直屬中央，人民就是國君的。采邑變成郡縣，土地就是國君的。從卿大夫到地方官都由中央任命，權力就是國君的。土地、人民和權力都集中到國君手裏，當然是霸道。

不過商鞅又霸道得聰明，霸道得智慧，因為他的指揮棒是軍功。軍功與血統，有甚麼不同？血統與生俱來，軍功全靠爭取；血統有利於貴族，軍功有利於國君；血統由家族遺傳，軍功由政府認定。以軍功定爵祿，軍民人等就積極上進奮勇殺敵，誰也不能再妄自尊大坐享其成。結果必然是：風氣改變了，國力增強了，國君的地位提高了，貴族的權勢沒有了，豈非一舉多得一箭雙雕？

當然是。

從此血腥

以國君集權和富國強兵為目標，商鞅全面展開了他的體制改革，包括經濟改革和軍事改革。使用的手段也很簡單：恩威並施。比方說，努力生產多交公糧的，免除徭役；偷奸耍滑投機倒把的，收為奴婢。又比方說，有軍功的，讓他們顯赫榮耀；沒軍功的，讓他們沒有面子。總之，商鞅一手拿狼牙棒，一手拿軍功章，帶領秦國突出重圍。新法實施十年後，秦國"道不拾遺，山無盜賊，家給人足"，人民"勇於公戰，怯於私鬥，鄉邑大治"。秦孝公也從雍（今陝西省鳳翔縣）遷都咸陽（今陝西省咸陽市），開始了"席捲天下，包舉宇內"的準備。勃然雄起的秦讓諸侯刮目相看，連周天子都送來了胙肉。

但，這很可疑。

可質疑的不是鄉邑大治，而是大治的原因。事實上商鞅上台後頒佈的一號法令，就是在基層組織推行保甲制和連坐法。商鞅規定，庶民按戶編組，五家為保，十戶相連，一人作奸犯科，通體連帶責任，左鄰右舍都必須立即向政府報告。不告發者腰斬，藏匿者視同降敵，告發者按斬敵首級領賞。難怪秦國能"道不拾遺，山無盜賊"了，人人都是特務和警察嘛！

這樣一種鄰里之間相互監視相互告發的恐怖生活，也許只有在納粹德國可以體驗。只不過沒人知道，商鞅是否為他的元首組建了党衛隊。

但可以肯定，商鞅不但使秦國變成了一座軍營，也使秦國成為一座監獄。實際上他肅清盜賊，整頓治安，禁止鬥毆，並不是為了保護人民的生命財產，而是要將社會上閒散的武力集中起來為其所用。所謂"勇於公戰，怯於私鬥"，就是只為國君戰鬥，不為自己戰鬥；只殺外國人，不殺秦國人；只為高官厚祿殺人，不為蠅頭小利殺人。顯然，商鞅培養教育出來的，不過是些毫無愛心的殺人機器。如果靠這竟能實現天下大治，那才真是天大的笑話！[11]

殺人機器是不會把他人生命放在眼裏的，商鞅本人就是如此。據說，商鞅有次一天之內就在渭水之濱處決囚犯七百餘人，以至於"渭水盡赤，號哭之聲動於天地，蓄怨積仇比於丘山"，簡直就是慘絕人寰！[12]

商鞅，你這樣殺人如麻，就不怕報應嗎？

沒人知道這條史料是否可靠，正如沒人證明它無中生有，或誇大其詞。但毋庸置疑，商鞅是一個鐵血宰相。新法初行之時，秦國上下議論紛紛，到國都投訴的數以千計。剛開始，商鞅還跟他們講道理，後來就乾脆以霸道行霸道。而且不管是説新法不好，還是説新法好的，統統稱之為亂民，放逐到邊邑。結果當然令商鞅滿意。從此以後，再沒人敢説三道四。

這絕不是改革必須付出的代價。

不錯，變法是要有些鐵腕。決策做出以後，斬斷爭論也很有必要。否則，七嘴八舌，議論紛紛，議而不決，決而不行，改革就不能成功。但商鞅的情況不同於此。他所做的一切，都是圍繞着專制、集權和獨裁來設計和進行的，因此不能讓人民有言論自由。實際上，商鞅不但不准議論他的法令，而且根本就不允許有任何議論。在他心裏，人民只有義務沒有權利。他們不過是君王實現霸業和帝業的工具和武器。或者説，男人平時是勞動工具，戰時是殺人武器，女人則是生產這些工具和武器的機器。既然如此，那你議論甚麼？遵命執行就是！

這就是所謂商鞅變法。從此，秦國上有獨裁君主，下有芸芸眾生，中有官僚機構，遍佈軍隊、特務和警察，變成了一個中央集權和軍事獨裁的准帝國。

事實上，秦能在優勝劣汰的激烈競爭中脱穎而出，只能歸結為他們有當時最管用的制度。或者説，他們把這個新制度建設得最徹底，也運用得最徹底。這種新制度，能夠最大限度地集中國內的資源和財富，最大限度地激發民眾的生產潛力和戰鬥勇氣，並保持令行禁止步調一致的集體性格，從而橫行霸道，一統天下。

在這裏，我們聞到了專制的血腥。

是的。伴隨秦軍挺進中原之步伐的，是血雨腥風；提供秦國後來居上之保證的，是嚴刑峻法。秦政之苛，秦法之嚴，秦制之專橫，秦風之強悍，實乃公開之秘密，不爭之事實。秦，是專制主義和軍國主義的大本營。

這個大本營的奠基者，是商鞅。

商鞅成功了。至少，他把秦從公國變成了王國，並為這王國變成帝國鋪平了道路，做好了準備。商鞅死後十四年，秦惠文君稱王；一百零四年後，嬴政稱帝。

然而商鞅自己，卻死於非命。

為誰改革

商鞅是被車裂的。

車裂即通常所謂五馬分屍。行刑之法，是用繩子捆住受刑者的頭和四肢，另一頭繫在馬身上，然後同時鞭策五匹馬，分裂人犯的身體。[13] 商鞅所受，就是這種酷刑，而且是當眾執行，分明有殺一儆百的意思。

商鞅為甚麼會落得如此下場？

得罪了孝公的太子，後來的惠王。之前，商鞅為了推進新法，並維護法律尊嚴，懲罰了太子的兩位師傅，公子賈被臉上刺字，公子虔被割了鼻子。所以，孝公去世，太子即位，公子虔馬上就一狀告到了惠王那裏，舉報商鞅謀反。惠王原本就對商鞅恨之入骨，當然一告就准。於是下令通緝，全國搜捕，捉拿歸案，處以極刑，同時滅族。

這是商鞅被害的直接原因。

根本原因呢？

儒家說是作法自斃。因為按照"刑不上大夫，禮不下庶人"的老規矩，商鞅原本可以免死，頂多賜他自盡，不至於死得這麼慘。可惜，此人卻偏偏不行王道行霸道，不行禮治行法治。那就請你以身試法。

是這樣嗎？

否。

沒錯，商鞅確實死於法治，也確實是作法自斃。比如舉報別人，就是他鼓勵的。好嘛！老百姓知情不報要腰斬，積極告發則視為奮勇殺敵，那麼，有人聽說你要謀反，該不該舉報？呵呵，你不是主張法律面前人人平等嗎？

或許有人會問：舉報商鞅謀反，有證據嗎？沒有。他們的原話，叫"商君欲反"。甚麼叫"欲反"？想造反。哪裏想？心裏想。心裏想，能證明嗎？不能。要證據嗎？不要。因此，說白了就是莫須有，誣告。

或許又會有人問：誣告也能成立嗎？能。因為商鞅的新法只鼓勵鄰里之間相互告發，沒說要有證據。同樣，商鞅也沒規定一旦查明是誣告，舉報者就要負法律責任。總之，獎勵舉報的政策是有的，制裁誣告的法律則是沒有的。不難推測，在商鞅的治下，被人誣告和屈打成招的，一定不會絕無僅有。

只不過，現在輪到商鞅了。

實際上，商鞅被誣告後，很清楚自己渾身是嘴也說不清，只好逃亡。他跑到秦國的邊境，想住店，卻住不進去。店老闆說，商君有規定，所有的客人住店，都要出示路條、護照或者身份證。如果沒有，就不能收留。如果違法收留，而客人碰巧又是罪犯或者犯罪嫌疑人，那麼，這人將來判甚麼罪、受甚麼罰，旅店老闆也判甚麼罪、受甚麼罰，這就叫"商君之法，舍人無驗者坐之"，簡稱"連坐"。[14] 店老闆並不知道來人就是商鞅，商鞅自然也不敢出示甚麼證件，於是便長歎一聲說：真沒想到，我變法立法的弊病竟到了這個份上！

走投無路的商鞅只好當真造反。他先是逃往魏國，卻被魏人送回秦境；又逃往商邑，卻被惠王派兵剿滅。作為反賊，他被秦軍殺死在基地，又被拉回國當眾車裂。

這一下，商鞅的叛國罪坐實了。

其實，商鞅原本還有另一條出路，那就是在開庭審判時為自己辯護。當然這很難。面對"欲反"的罪名，要想自證清白，幾乎沒有可能。然而就連這最後一線希望，都不存在。為甚麼不存在？因為秦國的法律裏沒有辯護權這一條。請大家想想，商鞅在渭水之濱處決囚犯七百餘人時，這些人都經過了公開審判，由法庭核實了證據，律師進行了辯護嗎？沒有。

顯然，商鞅雖然是作法自斃，但釀成悲劇的根本原因，不是法治有問題，而是秦法有問題。甚麼問題？只有維護君王統治的手段，沒有保護人民權利的條款。原因，則因為商鞅之法是王法，商鞅之道是霸道。王法，就不會有公民權利的意識；霸道，就不會有疑罪從無的思想。

因此，不要以為改革就好，還得看為誰改，改甚麼，怎麼改。同樣，不要以為立法就好，還得看為誰立，立甚麼，怎麼立。不弄清楚這些根本問題，光說公正嚴明執法如山，是不行的，也是不夠的。[15]

可惜這些都只能留待將來。

事實上，就連商鞅式的變法，也很快就不再能滿足國王和梟雄們的需要。比起嚴刑峻法來，他們更感興趣的是陰謀詭計，是損人利己和巧取豪奪。

商鞅被殺五年後，張儀入秦，蘇秦則擔任了六國縱約長，合縱連橫開始了。

蘇秦對燕易王說，
臣下我不講誠信，
正是王上您的福分。
那些講誠信的都死守道德，
誰會為王上的利益而奔走呢？

第六章

合縱連橫

賭棍蘇秦

蘇秦臨死前，押了最後一寶。[1]

縱橫家蘇秦是在齊國被暗殺的。作為利用國際關係大發橫財的政客，他招來的羨慕嫉妒恨恐怕不少，因此完全無法猜出刺客是誰所派，全國搜捕也一無所獲。蘇秦傷勢嚴重，眼看不久於人世，破案卻遙遙無期。

於是，他決定把自己的遺體放在賭桌上。

彌留之際，蘇秦對齊王說，臣死以後，請將臣五馬分屍，同時公開宣佈臣是燕國間諜，死有餘辜，兇手必定現身。齊王照辦，罪犯果然自投羅網。

蘇秦此計，堪稱豪賭。

的確，蘇秦是戰國最大的賭棍。他不賭錢，也不賭命，賭國。此人是把戰國七雄的國家命運，跟自己的身家性命綁在一起下注的。這一賭，風雲為之變色，天地為之翻覆。直到蘇秦去世後近一個世紀，他策劃的合縱連橫也仍是國際關係的主旋律。

甚麼是合縱連橫？

合縱，就是太行山以東六國燕、齊、趙、魏、韓、楚，從北到南合成一條縱向的聯合戰線或統一戰線，共同對抗西方的強秦。山東六國與秦相比，土地大五倍，兵力大十倍。如果堅持合縱，那麼，按道理說，秦的野心就無法實現，國際和平也就有了保障。

這當然是很好的主意。

問題在於，蘇秦想出這辦法來，並不是為了六國的利益，也不是為了人民的利益，更不是為了天下的利益，而是為了自己的利益。富貴榮華，出人頭地，眾星捧月，奉為上賓，才真正是他要的。

為此，蘇秦不辭辛苦，奔走於六國之間，先後說服了燕文侯、趙肅侯、韓宣王、魏襄王、齊宣王、楚威王，而且約定了合縱的具體方案。比如秦攻楚，則齊和魏出兵相救，韓斷秦的糧道，趙和燕聲援；秦攻齊，則楚攻秦軍後路，韓守關隘，魏阻秦道，燕出救兵，趙做聲援。如此等等。方案既定，共識達成，蘇秦佩六國相印，擔任縱約長，相當於六國會議的秘書長。

蘇秦合縱成功。

可惜他這個聯合戰線或統一戰線，非常脆弱。六國不但各懷鬼胎，而且互不信任。現在能湊在一起，是因為有強秦的威脅。一旦警報解除，威脅不復存在，他們就會如鳥獸散，甚至會打起來，根本不管甚麼盟約不盟約。到那時，蘇秦靠甚麼吃飯？

因此，蘇秦既要鼓吹合縱，又要破壞合縱。只有合縱被破壞，六國因分散孤立而捱打，才會重新睡到一張牀上來，儘管依然還是同牀異夢。

破壞合縱的辦法是連橫。

連橫，就是秦與六國一家一家地單獨結盟，從西向東連成六條橫線。這是有利於秦而不利於六國的方案，顯然不能由蘇秦來做，得另外找人。這人必須可靠，還得跟自己一樣詭計多端，厚顏無恥，唯利是圖。

蘇秦想到了張儀。

張儀和蘇秦是同學，曾經一起拜在鬼谷先生門下學習權術與權謀，才藝比蘇秦還好，蘇秦也自愧不如。但是蘇秦出道早，張儀則運氣不佳，甚至曾被疑為竊賊而遭到毒打，此刻正窮愁潦倒，走投無路。用這樣一個人來共同做局大賭一把，是可以放心的。

但，請將不如激將。於是蘇秦偷偷派了一個人去“點撥”

張儀：你的老同學在趙王那裏正得勢，為甚麼不去找他走走路子，想想辦法？

張儀覺得有理，興沖沖來到趙國，誰知卻碰了一鼻子灰。蘇秦不但沒有盛情款待，反倒讓他受盡羞辱。在冷落了張儀好幾天後，蘇秦大模大樣地接見了他，讓他坐在堂下，賞賜了一點奴僕吃的殘羹剩菜，又冷嘲熱諷地把他奚落了一番，然後要他去自謀生路。

像乞丐一樣被打發的張儀悲憤滿腔。他抱着志在必得的決心前往秦國，那是他唯一可以選擇的地方。

張儀的運氣很好，他在途中遇到了一位古道熱腸的大富豪。由於此人的贊助，張儀不但見到了秦惠王，而且成為秦國的客卿。直到這時，此人才告訴張儀，他是蘇秦派來的。錢財、車馬、禮品，也是蘇秦贊助的。目的，就是要跟張儀聯手，玩輪盤賭。

這當然有風險。萬一張儀不解奧秘，不聽招呼，或者穿幫露餡，豈非滿盤皆輸？

然而蘇秦又賭贏了。後來成為秦相的張儀，果然對蘇秦的想法心領神會，並配合默契。他甚至在蘇秦立足未穩合縱未成時按兵不動，看準了時機才出手。從此，蘇秦成為合縱的領袖，張儀充當連橫的代表。那些利慾薰心的國王則被玩弄於股掌之間，到死都不知道上當受騙。

騙子張儀

蘇秦敢賭，張儀會騙。

所以，蘇秦設賭局，張儀設騙局。

張儀所設之最大騙局，在公元前 313 年。這時，雖然蘇秦已經去世，合縱卻仍然是秦國的心頭之患。於是張儀出使楚國，實施對合縱的破壞。

要破壞其實很容易。因為六國的合縱，原本是各自的利益所使然。利，可以讓他們合，就可以讓他們散。張儀的辦法，是向楚懷王許諾，只要與齊國絕交，他便請求秦王割讓土地六百里，作為答謝。

這話一聽就不靠譜，楚懷王卻喜出望外，覺得佔了天大的便宜。有人提醒他慎重考慮，他卻得意洋洋地說，閉上你的嘴巴，等着看寡人拿地！

然而張儀一回國，便稱病不朝，閉門謝客。楚國的使節苦苦等了三個月，卻半點動靜都沒有。楚懷王又自作聰明，認為是秦國還不相信自己的誠意，於是派人北上辱罵齊宣王。宣王無故受辱，勃然大怒，立即與楚絕交，與秦連橫。消息傳來，張儀的"傷病"也馬上就痊癒了。

張儀對楚使說：臣有采邑六里，願奉獻給大王。

楚使說，下臣謹奉敝王上之命，前來接受貴國割讓的土地六百里，沒聽說是六里。

張儀答，臣也沒聽說是六百里。

楚懷王這才發現是上當受騙了。怒不可遏的懷王再次不聽勸阻出兵伐秦，結果被秦齊聯軍打得落花流水，只好割讓兩座城邑與秦國議和。

這才真是賠了夫人又折兵。

不過秦國這時最感興趣的，是楚國的黔中，因此提出用武關之外的土地來交換。楚懷王說，我不要地，只要張儀。貴國要黔中，拿張儀來換。

秦惠王很為難。

張儀說，既然楚王一定要臣，臣去楚國就是。

惠王說，楚王對先生恨之入骨，先生此去怕是危險。

張儀說，秦強楚弱，眾所周知。臣奉秦命使楚，那楚王怎敢加害於臣？就算他一定要把臣殺了，能以一人之命而換得黔中，也正是臣下最大的願望。

於是張儀呵呵一笑，滿不在乎地去了楚國。這一回接待他的，就不是上次的豪華賓館，而是監獄。

張儀還是不在乎，因為反正有人救他。

救張儀的，是楚國大夫靳尚。這是張儀早就安排在楚國的線人。辦法，則是通過懷王的寵妃鄭袖做工作。

靳尚對鄭袖說，你快要失寵了，知道嗎？

鄭袖問：為甚麼？

靳尚說，因為秦王要用很多美女來換回張儀。

於是鄭袖天天在懷王那裏哭哭啼啼：人臣各為其主而已，張儀有甚麼罪？我們該給的地還沒給，人家就把人送來了，對大王還不夠尊重嗎？張儀一死，秦王必怒，請讓臣妾母子避難江南，以免成為秦軍砧板上的魚肉。

結果是，張儀從監獄搬回了賓館。

看來，張儀能騙，也敢賭。

搬回賓館的張儀說服了楚懷王連橫，然後又出使山東各國，先後搞掂韓襄王、齊宣王、趙武靈王、燕昭王，這時秦惠王卻去世了。接班的秦武王原本就討厭張儀，朝中大臣更群起而攻之。五國見張儀失寵，又紛紛由連橫變成合縱。張儀不但功虧一簣，還生死未卜。

這一回，張儀只能自救。

張儀對秦武王說，齊王最痛恨的人就是臣。臣在哪個國家，齊就要攻打哪個國家。因此臣請求去魏國。

秦武王就把張儀送到魏國，齊軍也果然伐魏。張儀卻派自己的家臣冒充楚人出使齊國，對齊王說：王上不是痛恨張儀嗎？為甚麼要這樣保護他呢？

齊王莫名其妙：寡人怎麼保護張儀了？

冒充楚使的張儀家臣說，因為張儀到魏國，是去做誘餌的。貴國與魏國鷸蚌相爭，秦國就能漁翁得利啊！

結果齊王撤軍。

張儀逃過一劫，楚國卻萬劫不復。張儀死後十年，楚懷王被秦昭襄王騙到武關，又被劫持到咸陽，最後客死在秦國。楚懷王死後七十三年，秦滅楚。

事後有人問孟子：張儀可以算是大丈夫吧？一怒而天下懼，安居而天下息。孟子說，這怎麼能叫大丈夫？居於仁，立於禮，行於義，富貴不能淫，貧賤不能移，威武不能屈，那才叫大丈夫！[2]

沒錯，張儀確實不能叫大丈夫，只能叫大騙子。

但，張儀是騙子，並不等於別人也是；張儀不是大丈夫，也不等於別人就不是。

比如馮驩（讀如歡）。[3]

食客馮驩

馮驩是穿着一雙草鞋去見孟嘗君的。[4]

孟嘗君名田文，是齊威王的孫子，父親田嬰被封為郭靖君。張儀相秦後五年，田嬰去世，田文繼位，號為孟嘗君。孟嘗君是戰國四公子之首，其餘三位是趙國平原君趙勝，楚國春申君黃歇，魏國信陵君魏無忌。四公子的共同愛好，是把社會上閒散的士人，包括各國的逃犯都包養起來，叫養士。開養士風氣之先的就是孟嘗君，被養的士人則叫食客，馮驩就是其中之一。

馮驩來時，孟嘗君照例親自接待。

孟嘗君問：先生遠道而來，有甚麼要教導田文的嗎？

意思很清楚，是問馮驩有甚麼本事。

馮驩卻回答：君上好客，在下又窮，因此前來投靠。

這意思也很清楚：本人甚麼能耐都沒有，就是來混飯吃的。於是孟嘗君安排他住在傳舍（下等宿舍）。

十天後，孟嘗君向管事的問馮驩的狀況。管事的回答說，馮驩先生確實太窮了，窮得只剩下一柄劍。每天，他都彈着那劍唱：“長鋏（讀如夾，劍或劍把）歸來乎，食無魚！”孟嘗君就讓馮驩搬到幸舍（中等宿舍），有魚吃。馮驩還是不滿意，又彈着那劍唱：“長鋏歸來乎，出無輿！”孟嘗君又讓他住代舍（上等宿舍），出入有車。誰知馮驩並不領情，又彈着那劍唱：“長鋏歸來乎，無以為家！”這就未免有些過分，所以孟嘗君心裏很不高興。不過，不高興歸不高興，對馮驩還是款待如故。

馮驩卻繼續讓孟嘗君不高興。

一年後，孟嘗君因為財政困難，需要有人到封地薛邑去處理債務。薛邑的人大多很窮，這事並不好做。下等宿舍管事的就說，住在上等宿舍的那位馮先生，樣子看上去能言善辯，年紀又比較大，派他去很合適。

孟嘗君便把馮驩請來，問他能不能走一趟。

馮驩說：諾。

可是馮驩到了薛邑，卻把收來的十萬利息拿去買酒買肉，請那些欠債的人吃飯，還自作主張，免除了其中一部分人的債務。

孟嘗君聞訊，把馮驩召回，追問有無此事。

馮驩說，有。如果不擺宴席，他們就來不齊，臣也就不可能知道他們的經濟狀況。至於把哪些人的債券一把火燒掉，臣是核對過的。有還貸能力的，臣已約定了時間。

孟嘗君說，田文由於自不量力，門下食客三千，入不敷出，捉襟見肘，這才請先生去收債。先生這樣做，田文的錢還收得回來嗎？

馮驩說：還不起錢的，再給他十年也還不起，反倒要欠更多的利息。他們最後的選擇，只能是逃亡。那樣，君上的錢還是收不回來，卻要背逼債的惡名。大家都沒好處的事情，為甚麼要做？現在，我們燒掉的只是永遠都收不回的虛賬，換來的卻是君上仁厚愛民的美譽，不好嗎？再說了，臣下臨行前，君上吩咐買些家裏缺的東西回來。君上家財萬貫，富可敵國，缺的不就是義嗎？

孟嘗君很無語。

事實證明，馮驩是對的。沒過多久，孟嘗君因為名氣大，能力強，功高蓋主，被齊王罷免。免去了國相職務的孟嘗君只好離開國都，回到自己的封地薛邑。但是，當他走到離薛邑還有一百里地的時候，薛邑的民眾已經扶老攜幼，恭候在路旁了。於是孟嘗君感慨地說：先生為田文買的義，田文現在看見了。

馮驩卻說，狡兔有三窟，也只能做到免死。請讓臣為君上再築兩窟。

於是馮驩向孟嘗君要了車子和活動經費，先跑到秦國對秦王說：現在天下最強的，是秦和齊。秦國強，齊國就弱；齊國強，秦國就弱。這叫雄雌之國勢不兩立，不可能同時並存的。

秦王一聽，馬上坐直了身子：那該怎樣？

馮驩回答：把孟嘗君請來就行。齊國重於天下，全在孟嘗君。現在他被罷免，肯定心懷怨恨。他對齊國的情況又了如指掌。如果把他請來，齊國不就是王上的嗎？不過這事時不我待。一旦齊王醒悟，為之晚矣。

秦王聽馮驩說得在理，就派出十輛車子帶一大筆錢去請孟嘗君。馮驩又搶先一步回到齊國對齊王說：臣下聽說秦王要重金禮聘孟嘗君了！齊國和秦國，一方強，另一方就弱。王上何不趁秦使未到之時，趕快把孟嘗君穩住？

齊王聽了，立即恢復孟嘗君的相位，還同意在他的封邑建立先王的宗廟。宗廟所在地，誰也不敢侵犯。民眾擁護，官復原職，宗廟在薛，孟嘗君三窟齊全。

如此馮驩，難道只是食客？

也是生意人啊！

商人呂不韋

生意做得最大的，是呂不韋。[5]

呂不韋很有商業天賦，他其實是用商業頭腦來玩政治的。“奇貨可居”這個成語，就是他的發明。

那麼，誰是呂不韋眼中的奇貨？

秦國的公孫異人。

異人是秦昭襄王的孫子，安國君的兒子。他在自己二十多個兄弟中，排行不前不後，還是庶出，生母也不招父親待見，因此被打發到趙國做人質。這樣的人，明明是沒人稀罕的滯銷品，怎麼會是潛力股呢？

呂不韋卻慧眼獨具。

在呂不韋看來，奇貨可居這四個字，關鍵在可居。不可居，再值錢也沒意義。異人如果是太子，或嫡子，或長子，或生母得寵，固然價值連城前途無量，卻炙手可熱高不可攀。相反，正因為他姥姥不疼舅舅不愛，發配在趙國閒着也是閒着，呂不韋才有了進貨的可能。

於是呂不韋問他老爹：種田的利潤有多少？

老爹說：十倍。

呂不韋又問：珠寶生意呢？

老爹說：百倍。

呂不韋再問：扶植一個國王呢？

老爹說：無法估算。

如此巨額利潤，當然值得一幹。問題是，把呆賬變成奇貨，可能嗎？

可能。

前面說過，異人是安國君的兒子。此時的安國君，已被立為太子，遲早成為秦王。但安國君的二十多個兒子當中，沒有一個是嫡長子。換一個角度來看，即安國君的任何兒子，都可能立為太子。

呂不韋打的就是這個算盤。換句話說，如果他能讓異人成為安國君的接班人，就等於扶植了未來的秦王。這可是一本萬利的期貨生意。

關鍵在於，立嫡立儲，誰說了算？

從法理上講，當然是安國君自己。但能夠左右安國君的，卻是華陽夫人。華陽本是安國君的寵姬，此刻又被立為夫人，安國君對她寵愛有加，言聽計從。因此，只要她一句話，異人立馬就能鹹魚翻身，身價百倍。

那麼，怎樣才能讓華陽夫人想起並接受異人呢？

算賬。

這筆賬其實很好算，因為華陽夫人自己沒兒子。也就是說，安國君百年之後，接班做秦王的，反正只能是別人的兒子。不過，如果這位公子被自己認領，華陽夫人不就等於有兒子了嗎？在"自己的兒子"和"別人的兒子"之間選儲君，夫人還用得着猶豫嗎？

但，既然是領養，華陽又為甚麼一定要選異人？因為呂不韋讓她明白，只有異人，只有那個孤苦伶仃無依無靠的異人，才可能像孝順親娘一樣孝順她。孝順也不是有德，是有利。沒有華陽，異人無法上位；有了異人，華陽後顧無憂。一方需要靠山，另一方需要保險，互利雙贏，生意成交。安國君也與華陽夫人盟誓，決定立異人為嫡。

然而趙國卻不肯放人。

呂不韋只好又去幫趙國算賬。呂不韋說，秦國如果定要屠趙，是不會在乎一兩個公子的。這時，你們把異人扣在手裏，等於拿了張空頭支票，甚至是燙手的山芋。相反，如果現在高抬貴手，異人將來當然會以德報德，你們也等於拿了有價證券。有價證券和空頭支票，要哪個？

趙王立即禮送異人回國。

終於回到秦國的落難公子異人，被呂不韋這個稱職的中介包裝上市。他甚至安排異人穿着楚國的服裝去見華陽夫人，結果華陽喜出望外，高興地對異人說：為娘我就是楚人。兒啊，以後你就叫"楚"吧！

從此，異人更名為楚。

公子楚的運氣很好。公元前 251 年，昭襄王去世，安國君繼位，是為孝文王。孝文王僅僅在位一年，就告別人世，子楚順利接班，是為莊襄王。

呂不韋的運氣更好。三年後，他一手扶植起來的莊襄王也撒手而去，繼位的是王后趙姬的兒子。趙姬原本是呂不韋的女人，被異人看中要去，後來成為莊襄王后。但趙姬從呂不韋屋裏轉手到異人牀上時，據說已有身孕。因此也有人說她的這個兒子，其實是呂不韋的。

這事恐怕只能存疑。但可以肯定，趙姬這兒子繼位時還是少年，秦國的大權便落到了呂不韋的手裏。呂不韋本已封侯拜相，此刻又尊為相國，號稱仲父，權傾朝野，名重一時。他甚至仿效孟嘗、平原、信陵、春申四大公子的做法，大養其士，並讓這些士人為他編寫了一部百科全書式的著作，號稱《呂氏春秋》。

呂不韋成功了吧？

當然。他早期的投資，已經獲得巨額回報，而且名利雙收。據説，《呂氏春秋》完成後，呂不韋下令將書稿和獎金一並懸掛在秦都咸陽的城門之上，揚言只要有人能增刪改動一個字，就獎賞千金。

為中華文化貢獻了“奇貨可居”和“一字千金”兩個成語的呂不韋，這時達到了他事業的巔峰。這個巔峰是不可企及的。此後，儘管仍然會有商人參與政治，或藉助政治從事商業，卻沒有任何人超越呂不韋。

與此同時，呂不韋自己也從風光無限迅速墜入萬丈深淵。新秦王即位後十年，呂不韋被免去相國職務。又過了兩年，他被迫在自己的封地服毒自殺。

他真是白賺了那麼多錢。

把呂不韋逼到絕境的，就是趙姬的兒子，那個生父可能是莊襄王異人，也可能是文信侯呂不韋的男孩子。他的名字叫嬴政，是秦王國最後一任國王，也是秦帝國第一任皇帝。正是他，終結了戰國，也終結了先秦，開始了新的時代——帝國和王朝的時代。

沒錯，他就是秦始皇。

但，這將是另一個故事。

這是甚麼時代

賭棍、騙子、食客、商人，各色人等次第亮相，粉墨登場，演繹出五光十色轟轟烈烈的悲劇和喜劇。參與演出的人，其實還有很多。比如自薦的毛遂，刺秦的荊軻，救趙的信陵君，都為讀者耳熟能詳。於是我們不禁要問：戰國到底是一個甚麼樣的時代？

賭徒的時代。

沒錯，時代跟人一樣，也是有個性的。因此，如果把春秋和戰國比作人，那麼，春秋是貴族，戰國是平民；春秋是君子，戰國是小人；春秋是英雄，戰國是賭棍。只不過，戰國的賭棍往往也有血氣和血性，甚至同時也是豪俠。豪俠之賭，即為豪賭。那一份豪情和俠義，依然令人神往，讓人心儀。

比如馮驩。

馮驩當然不好說是賭徒，卻也是個敢押寶的。他為孟嘗君收買人心，就是做期貨，也是賭。實際上他的延長貸期和焚燒債券，並未得到孟嘗君的授權。而且，如果後來孟嘗君沒被免職，這筆投資也體現不出回報。因此，當馮驩豪情萬丈大燒其薛邑債券時，他不是在賭嗎？

但，馮驩又是仗義的。

孟嘗君罷相後，他門下那三千食客都如鳥獸散，跑得一乾二淨，留下的只有一個馮驩，幫助他東山再起的也只有馮驩。因此，復位後的孟嘗君便對馮驩說：那幫小人要是還敢回來，我一定把口水吐到他們臉上。

馮驩立即俯身下拜。

孟嘗君大驚失色：先生難道要替那些傢伙謝罪嗎？

馮驩說，不！臣是要替君上的不當言論謝罪。君上應該知道，有生有死，是天之常道；嫌貧愛富，是人之常情。那些趕集逛商場的，早上蜂擁而入，晚上不屑一顧，難道因為喜歡早晨厭惡夜晚？不，是因為他們要的東西到晚上就沒有了。因此，請不要責怪那些人的離去。[6]

這可能是馮驩所做最仗義的一件事，但他講的道理卻是利，他對孟嘗君的忠誠也表現為利。這就跟春秋大不相同。

春秋開口閉口是禮，戰國開口閉口是利。這一點，只要比較《國語》和《戰國策》，就一目了然。[7]

在這裏，我們分明看到了戰國的時代特徵。

甚麼特徵？

唯利是圖。

對此，蘇秦應該深有體會。當初，他外出謀生一無所獲回到家鄉時，所有人都看不起他，父母親甚至連話都不跟他說。後來，他佩六國相印衣錦還鄉，家裏人都不敢抬頭看他，嫂子更是像僕婦一樣伺候他吃飯。蘇秦笑着問嫂子：你們前倨後恭，是甚麼原因？嫂子匍匐上前，把臉貼在地面上說：因為您現在又有權勢又有錢啊！

這真是赤裸裸的勢利。難怪蘇秦會感歎說：一個人如果貧窮，父母都不拿他當兒子；如果富貴，親戚都會來拍馬屁。人生在世，難道可以不在乎金錢地位嗎？[8]

切膚之痛，經驗之談呀！

的確，戰國是一個"真小人"的時代。在這二百多年中，社會也為各色人等提供了廣闊空間和無限可能。比如虞卿，原本是個連真名實姓都無人知曉的窮光蛋。但他穿着草鞋扛着雨傘去遊說趙孝成王，一見即獲賞黃金百鎰白璧一雙，再見即拜為上卿，可謂青雲直上一步登天。如此一夜成名一夜暴富，對士人豈能沒有誘惑？[9]

何況門檻極低，只要一張嘴；成本也極低，只要一席話。所以，張儀當年被人疑為竊賊遭到毒打，回家後的第一句話就是：老婆，你看我的舌頭還在不在？

老婆笑着說：舌頭倒是還在。

張儀便說：足矣！[10]

甚至沒有三寸不爛之舌，也不要緊。比如孟嘗君的食客中，就甚麼人都有。結果，會學狗叫的，幫他竊得狐白裘，買通秦王寵姬；會學雞叫的，幫他哄開函谷關，順利逃出秦國。雞鳴狗盜，不也換來富貴榮華？[11]

光腳的不怕穿鞋的。一個人，如果原本一無所有，只要敢作敢為就可能大富大貴，誰不想賭他一把？能像馮驩那樣仗義，便是意外之喜。能像呂不韋那樣通過利人來利己，則要算聰明。呂不韋在邯鄲拜見異人時，話就說得非常清楚直白：在下當然要光大自己的門楣，但在下的門楣卻要靠公子的門楣才能光大，所以我們必須合作。

戰國，是趨利的時代。

這樣的時代是沒甚麼道德感可言的。蘇秦甚至公開對燕易王說，臣下我不講誠信，正是王上您的福分。那些講誠信的都死守道德，誰會為王上的利益而奔走呢？

蘇秦這樣說，還真不是強詞奪理，反倒應該看作透徹通曉。事實上戰國的王侯，不少就是賭棍出身，他們在國際關係中的作為，其實難免賭徒心態。正所謂“篡盜之人，列為侯王；詐譎之國，興立為強。”[12] 於是上流社會，棄仁義而重權謀；諸侯各國，廢禮讓而重戰爭。結果，應運而生的，是謀臣策士；平步青雲的，是地痞流氓。

這就是戰國——只講功利不講道義，只要目的不擇手段，成者王侯敗者寇，誰有權勢誰就是大爺。

戰國，是無德的時代。

沒錯，如果說春秋還只是禮樂崩壞，那麼，戰國便已是道德淪喪。這對於華夏文明，無疑是一件極其嚴重的事情。因為華夏文明的制度支持，是井田、宗法、封建、禮樂；全民共識，則是以德治國，以禮維序，以樂致和。德治是“一個中心”，禮樂是“兩個基本點”。華夏民族的核心價值觀，就體現在這一整套系統中。

然而這一整套系統，都在戰國分崩離析，而且不可能不崩潰。是啊，楚是南蠻，秦是西戎，燕是北狄，田齊和趙、魏、韓是盜篡，哪一個是姬周嫡傳、純種王族？何況就算華夏正宗，也無法抗拒三大變革：一、土地國有，按戶籍授予小農並徵收賦稅；二、諸侯兼併，國土和子民不再分封；三、中央集權，卿大夫和地方官由國王任命。也就是說，井田制廢，授田制立；封建制廢，郡縣制立；世卿制廢，官僚制立。從經濟基礎到上層建築，一切都變了。社會生活、文化心理和意識形態，豈能不變？[13]

基礎動搖，支柱倒塌，中國向何處去？

誰來回答中國

能回答歷史之問的，是士，也只有士。

士，是戰國舞台的主角，正如之前的時代主人，西周是王，東周是侯，春秋中後期是大夫。於是，讓我們印象深刻的風流人物，前有武王、周公，中有齊桓、晉文，後有子產、趙鞅，他們是那些時代的代表。

戰國的歷史，卻是由士來譜寫的。

甚麼是士？

士在春秋，是最低一等的貴族。前三等，是天子、諸侯、大夫。在秦漢和秦漢以後，是最高一級的平民。後三級，是農、工、商。

那麼，戰國的士，是甚麼？

精神貴族。

所謂精神貴族，就是僅僅在精神上或精神領域是貴族。根本原因，是士沒有不動產，也沒有統治權。沒有物質，便只有精神。成為精神貴族，是遲早的事。

不過既然是貴族，就該有貴族的權利和義務，也要有標識，比如體現參政權的緇冠，體現參軍權的皮冠，體現祭祀權的爵冠（爵讀如雀）。這是權利的象徵，也是身份的認同。因此，子路寧願去死，也不肯免冠。

這就是貴族精神了。

有貴族精神，就有君子風度。所以，春秋雖然禮壞樂崩，卻還不至於道德淪喪。

然而進入戰國，士的權利和義務都沒有了，只剩下一柄劍。這是他們在舉行冠禮時獲得的，[14] 也是貴族的身份認同和象徵。所以，司馬遷在記錄秦始皇的成年禮時，特地寫了"帶劍"二字。[15] 同樣，馮驩和韓信儘管一文不名，卻劍不離身。劍，是貴族之器，君子之器，王者之器。大俠多半用劍，道理也在這裏。

劍，意味着身份，也意味着教養。一般地說，士都能接受比較良好的教育。他們的教育條件不一定最好，學習積極性卻可能最高。因為他們有身份無地位，有義務無職務，有事業無產業。唯一的出路，是為更高級的貴族服務，換取俸祿或食田（可以分得糧食和賦稅的田地）。

這就非有本事不可。

因此，士人的第一要務，是"修身"。身修好了，就可以出來工作。其中，幫助大夫打理采邑，叫"齊家"；協助諸侯治理邦國，叫"治國"；輔助天子安定四海，叫"平天下"。合起來，叫修、齊、治、平。

但，無論齊家還是治國，士人都是幫傭，諸侯和大夫則是老闆。不過，春秋的老闆和幫傭是有血緣關係的，士人也一般都有世襲職務和固定工作，或像管仲時代的齊國那樣由國家包養。戰國之士，則必須自己找工作。他們與諸侯和大夫，是僱傭關係。既然如此，士們是去幫忙，還是幫兇、幫腔、幫閒，便由不得自己。相反，為了保證有口飯吃，甚至能夠飛黃騰達，他們很可能放棄原則而投其所好，不顧長遠而只顧眼前。戰國之人急功近利，社會風氣急劇敗壞，這是原因之一。[16]

好在事情還有另一面。

另一面就是士在國際事務和政治生活中的作用，變得越來越重要。這也是戰國與春秋的區別。尤其是那些重量級士人，服務某國該國就興旺發達，離開某國該國就內外交困，正所謂"入楚楚重，出齊齊輕，為趙趙完，叛魏魏傷"，[17]簡直就是核武器。

這就迫使各國的王侯和卿相，不得不卑躬屈節，禮賢下士，以至於普天之下，尊賢成風。他們甚至不惜自己節衣縮食，也要供養士人。齊國執政田成子每年的收入，大部分用於養士。[18] 孟嘗君門下食客三千，每天都跟主人吃同樣的飯菜。如果食客表示懷疑，孟嘗君還得端着盤子去驗明正身。[19] 權貴們對士人的謙恭，於斯為最。

相反，士人卻完全不必看權貴的臉色，甚至可以傲然視之。有一次，魏國士人田子方與太子擊（即後來的魏武侯）狹路相逢。太子連忙讓車迴避，自己下車行禮，田子方卻昂然不答。田子方說：諸侯看不起人則失其國，大夫看不起人則失其家。我們士人，如果主張不被接受，言論不被採納，換個國家就是。拋棄不識好歹的權貴，就像扔掉一隻草鞋，有甚麼了不起！

魏太子擊聽了，也只能唯唯諾諾。[20]

毫無疑問，王侯卿相們的這種態度，是被殘酷的國際競爭和權力鬥爭逼出來的，卻在無意中解放了精神文明的生產力。我們知道，知識階層最希望的生活狀況和精神狀態，一是衣食無憂，二是言論自由。有此兩條，思想的源泉就會充分湧流，文明的成果就會遍地開花。

戰國，就做到了這兩點。

事實上，戰國的知識階層雖然不少被國君或大夫供着養着，卻其實不必承擔責任，也不受任何制約。他們想著書立說就著書立說，想高談闊論就高談闊論，想出謀劃策就出謀劃策，想坐而論道就坐而論道，甚至想拂袖而去就一走了之。沒人失去自由，也沒人因言獲罪。

不被供養的，更如此。

於是戰國二百年，就成了充滿矛盾的時代：民眾水深火熱，士人備受尊崇；社會動盪不安，學術空前繁榮；道德普遍滑坡，思想充分自由。中華史上最黑暗最痛苦的動亂年代，變成了思想文化的黃金時代，只不過這個黃金時代要從春秋晚期的孔子算起。

奇怪嗎？

不奇怪。

事實上，正因為社會劇變，天下大亂，道德淪喪，共識闕如，中國向何處去才成了問題。同樣，正因為一個跨國界、超宗族的精英階層勃然興起，又沒有一統天下的強權能夠鉗制輿論，問題的回答才有了可能。

於是，儒家代表着文士，墨家代表着武士，道家代表着隱士，法家代表着謀士，紛紛亮出自己的主張，力圖影響歷史的進程。這是當時最自由也最活躍的力量。因為自由，所以是百家；因為活躍，所以要爭鳴。

世紀大辯論開始了。

那就看他們如何亮劍！

後記

這格子不好走

本中華史第一卷《祖先》和第二卷《國家》在北京首發時，我跟媒體有一次對話。記者問：你用一己之力，在五到八年的時間內撰寫三十六卷本中華史，不難嗎？我答：難，當然難。記者又問：不累嗎？我答：累，當然累。記者再問：有辦法嗎？我答：有，當然有。

我的辦法，是臨睡前讀偵探小說。

新星出版社的謝剛和褚盟聽說，便把他們的"午夜文庫"陸續寄來，結果讓我在無意中又學了一招。

這一招是迪弗的，叫"走格子"。

走格子是一種刑偵手段。具體方法，是在頭腦中將犯罪現場畫上若干格子，然後一格一格地收集證據。這樣做的好處，是不會漏掉任何線索，而且效率很高。這種高效率的手段完全可以用於寫作。《祖先》就是這樣寫出來的。夏娃、女媧、伏羲、炎帝、黃帝、堯舜禹，六格。《青春誌》也是這樣寫出來的。刺客、情人、戰士、人臣、使節、鬼神，也是六格。

只不過，迪弗是"走格子"，我是"填格子"。

但到第五卷，難了。

最大的困難，是這段歷史時間長，頭緒多，人物關係複雜。從公元前 722 年春秋開始，到公元前 221 年戰國結束，整整五百年。平均下來，一萬多字之內就得說清百年。這當然並非做不到。但如果既要講清楚來龍去脈前因後果，又要有血有肉有聲有色，那就太難了。

然而必須做到。

在我看來，一部好的史書，史觀是不能沒有的，那是靈魂；史識是不能沒有的，那是骨骼；史料是不能沒有的，那是血肉；史感也是不能沒有的，那是神采。沒有神采就沒有魅力，歷史也就仍然是手術台上的木乃伊。

那不是我要的東西。

史感的獲得當然要靠同理心，但同時還需要一項技術支持，這就是還原現場。還原現場才能身臨其境，身臨其境才能感同身受。這就決定了本書不能是劇情梗概，而應該聲情並茂，栩栩如生。

也就是說，只能攻其一點不及其餘。

問題是如何取捨。

首先看是否不可或缺。比如齊桓稱霸和商鞅變法，分別是春秋和戰國的兩件大事；田陳代齊和三家滅知，則是春秋與戰國的分水嶺。至於開春秋之篇的鄭莊公，終戰國之世的呂不韋，也不便缺席。由此及彼，宋襄、晉文、秦穆、楚莊、闔閭、夫差、勾踐、子產、三桓、蘇秦、張儀等等，都非說不可。再加上其他相關人物和事件，已是滿滿當當，濟濟一堂。

剩下的，只好割愛。

割愛並不是一件容易的事。好在秦王嬴政，還可以留待將來；也好在申包胥哭秦、信陵君救趙、藺相如會澠池等等，讀者多有耳聞，不妨捨去。至於同為食客，為甚麼選馮驩而非毛遂，則因為馮驩更具有代表性，故事也更有看點。因此，儘管後者為我們貢獻了“毛遂自薦”和“脱穎而出”兩個成語，我仍然選擇馮驩。

代表性、典型性和故事性，這是第二條原則。

第三是可讀，尤其是要為讀者排除閱讀障礙。先秦畢竟古遠，讓讀者記住那麼多名字就不容易。辦法之一，是盡可能讓同一人物反覆出現。實際上，只要文章做足，是可以一葉落而知天下秋的。

效果如何，請君檢驗。

註 釋

總註

本卷所據史實及部分觀點，請參看《左傳》、《國語》、《史記》、范文瀾《中國通史》、翦伯贊《先秦史》、童書業《春秋史》。

第一章

1. 本節與下節事見《左傳・隱公元年》。
2. 語見《左傳・隱公十一年》。
3. 鄭立國，是在公元前 806 年（周宣王二十二年）。莊公即位，是在公元前 744 年（周平王二十七年）；去世，是在公元前 701 年（周桓王十九年）。
4. 莊公即位，是在公元前 744 年（周平王二十七年）；克段，是在公元前

722 年（周平王四十九年，魯隱公元年）。

5. 本節事見《左傳・隱公四年》、《史記・衛世家》。
6. 本節事見《左傳》之隱公元年至桓公二年，《史記》之《魯世家》、《宋世家》。
7. 以上複雜關係，係根據《左傳》及楊伯峻的註所推定。
8. 本節事見《左傳》之隱公三年、六年、八年、十一年，桓公五年。
9. 魯隱公九年，鄭莊公伐宋，便借用了王命；隱公元年，鄭莊公伐衛，便動用了王師。
10. 翦伯贊《先秦史》稱，《左傳》一書中有關名詞的出現次數，侵 60 次，伐 212 次，圍 40 次，入 27 次。
11. 本段請參看翦伯贊《先秦史》、楊伯峻《春秋左傳註》。
12. 鄭國兼併戴國，是在魯隱公十年（公元前 713 年）。齊國兼併譚國，是在魯莊公十年（公元前 684 年）。從此，《春秋》開始使用"滅"的概念。
13. 請參看《左傳》之隱公九年和十年。

第二章

1. 事見《史記・齊世家》。
2. 文姜嫁到魯國，是在魯桓公三年（公元前 709 年）。當時做父親的齊僖公曾一路相送而至於讙（讀如歡，魯國地名，約在今山東省寧陽縣），似乎對文姜不太放心。實際上此前他曾想把這個女兒嫁到鄭國，卻被婉拒。魯桓公攜文姜訪齊，則是在公元前 694 年。此間襄公與文姜兄妹，應有十五年不曾見面。這次重逢，自然如乾柴烈火，不可自制。
3. 事見《左傳・魯桓公十八年》。
4. 魯桓公死後，魯文姜與齊襄公的偷情，《春秋》的記載有：魯莊公元年三月，夫人孫（遜，私奔）於齊；二年十二月，會齊侯於禚（讀如酌）；四年二月，享齊侯於祝丘；五年夏，如齊師；七年春，會齊侯於防；七年冬，會齊侯於穀。齊襄公被殺後，文姜曾於魯莊公十五年如齊。此行是否意在與齊桓公偷情，不詳。但此年係齊桓公始霸之年。此後，文姜又於莊公十九年和二十年，兩年之間兩次到了莒國。去幹甚麼，不清楚。一年後，即魯莊公二十一年，文姜去世。

5. 魯桓公是魯惠公的嫡子，魯隱公的弟弟。公元前 712 年，魯國大夫羽父謀殺了隱公，立桓公為君。桓公在位十八年，無大政績亦無大過錯。他的窩囊，當是魯國的窩囊。
6. 以上管仲的治國方略請參看《國語・齊語》。
7. 請參看《國語・齊語》。
8. 請參看吳曉波《浩蕩兩千年》。
9. 齊桓公設女閭一事，見《戰國策・東周策》，亦請參看劉達臨《中國古代性文化》。
10. 請參看《國語・齊語》。
11. 見《國語・齊語》。
12. 請參看張蔭麟《中國史綱》。
13. 見《論語・憲問》。
14. 見《左傳・哀公七年》。
15. 《淮南子・原道訓》稱：“九嶷之南，陸事寡而水事眾，於是人民被髮文身，以象麟蟲。”
16. 請參看《史記・楚世家》。
17. 事在魯桓公二年，《左傳》稱“始懼楚也”。
18. 事見《左傳・僖公四年》。
19. 事見《左傳・僖公九年》。
20. 事見《左傳・昭公四年》。
21. 請參看《史記・齊世家》。

22. 本節所述，均見《左傳》之僖公二十三年至二十八年。
23. 一戰而霸，語見《左傳・僖公二十七年》。
24. 詳見本中華史第四卷《青春誌》。
25. 古人以一車四馬為一乘，二十乘即二十輛車，八十匹馬。
26. 此事見於《左傳・僖公二十八年》和出土文物子犯鐘。該文物部分由台北故宮博物院收藏，部分由台北收藏家陳鴻榮先生收藏。
27. 《春秋・僖公二十八年》記踐土之盟事，無秦；《左傳・定公四年》言踐土之盟盟書，也無秦。
28. 城濮之戰，是在魯僖公二十八年四月二日；踐土之盟，則在同年五月十六日。
29. 以下所述事見《左傳》之僖公三十二年至文公六年。
30. 見《史記・秦本紀》。
31. 請參看《史記・秦本紀》、《左傳・成公六年》。

第三章

1. 事見《左傳・文公元年》。
2. 楚穆王滅江，在魯文公四年（公元前 623 年）；滅六，滅蓼，在魯文公五年（公元前 622 年）；伐鄭，侵陳，在魯文公九年（公元前 618 年）；伐麇，在魯文公十一年（公元前 616 年）；圍巢，在魯文公十二年（公元前 615 年）。
3. 請參看《史記・楚世家》。
4. 事見《左傳・宣公三年》。
5. 以上事見《左傳》之宣公十四年、十五年。

6. 語見《左傳・宣公十一年》。
7. 請參看張蔭麟《中國史綱》。
8. 請參看《左傳・文公十七年》。
9. 請參看范文瀾《中國通史》。
10. 請參看《左傳・成公七年》。
11. 《左傳・昭公三十年》稱："吳，周之冑裔也，而棄在海濱，不與姬通。"
12. 以上事見《左傳》之昭公十九年和二十年。
13. 事見《左傳・昭公二十七年》。
14. 伍子胥之謀，語見《左傳・昭公三十年》；闔閭擾楚，事見《左傳・昭公三十一年》。
15. 實際上，就在伍子胥為闔閭出謀劃策時，楚國的政治家子西就提醒過昭王。子西説，吳公子光初得王位，非常親民，"視民如子，辛苦同之"，不能不多加小心。昭王根本不聽。
16. 以上事見《左傳》之定公三年、四年。
17. 事見《左傳・定公四年》。
18. 《史記・伍子胥列傳》稱伍子胥求楚昭王不得，乃掘楚平王墓，鞭屍三百。
19. 春秋止於何時，學術界有爭議。但《春秋》經文止於魯哀公十六年（公元前 479 年），最後一行是"夏四月己丑，孔丘卒"；傳文止於魯哀公二十七年（公元前 468 年），最後一行是"智伯貪而愎，故韓、魏反而喪之。"三家分晉，則在魯悼公二十八年（公元前 440 年），距離吳國滅亡三十三年。
20. 據楊伯峻《春秋左傳註》，蘇州市西南胥門外越城，即越軍圍吳時所築。
21. 事見《左傳・哀公二十年》。
22. 事見《國語・吳語》。
23. 夫差伐陳，在魯哀公六年；伐魯，在魯哀公八年；城邗，在魯哀公九年；伐齊，在魯哀公十年和十一年。戰事之頻繁，國力之消耗，可想而知。

24. 事在魯哀公十三年，事見《國語・吳語》。
25. 事見《左傳》之哀公元年和十一年。
26. 事見《左傳・哀公十三年》、《史記・越王勾踐世家》。
27. 此事《國語》，有不同説法。
28. 事見《國語・吳語》。
29. 語見《史記・越王勾踐世家》。
30. 見《史記・越王勾踐世家》。
31. 事見《左傳・定公十四年》。
32. 請參看《墨子・兼愛下》。
33. 請參看《國語・吳語》。
34. 請參看《國語・吳語》、《左傳・哀公二十二年》。勾踐為夫差安排的養老處是甬東，即今浙江省定海翁山。
35. 見北島《回答》。

第四章

1. 事見《史記・越王勾踐世家》。
2. 有學者認為，楚靈王才是真正的霸主（請參看李學勤主編《春秋史與春秋文明》），則此處亦可改為“公元前 538 年，楚靈王稱霸”。
3. 如果在齊桓公前面加上鄭莊公，在楚莊王後面加上楚靈王，結論也一樣。
4. 吳國的國名始見於《春秋》，吳國君主始見於《左傳》，都在魯成公七年（公元前 584 年）。

5. 據《左傳・昭公三十年》，吳王闔閭滅徐，徐君“斷其髮”以示臣服。至春秋末，人們仍稱“吳髮短”，見《左傳・哀公十一年》。
6. 事見《左傳・哀公十一年》。
7. 越人參與國際性角逐，在公元前 537 年。《春秋・昭公五年》稱：“冬，楚子、蔡侯、陳侯、許男、頓子、沈子、徐人、越人伐吳。”吳始用兵於越，在魯昭公三十二年。越國國君名始見於《左傳》，則在魯定公十四年，該君即越王勾踐。
8. 請參看《國語・越語下》。
9. 勾踐滅吳一百三十九年後，越王無彊伐楚，兵敗身亡，越國實際上不復存在。
10. 請參看童書業《春秋史》。
11. 語見《左傳・昭公三十年》。
12. 語見《左傳・昭公三十年》。
13. 中華文明的“三個唯一”是：一、第一代文明中，唯一不曾中斷、延續至今的；二、延續至今的文明中，唯一沒有信仰的；三、沒有信仰的文明中，唯一具有世界性的。請參看本中華史之總序《文明的意志與中華的位置》。
14. 請參看范文瀾《中國通史》。
15. 請參看《論語・季氏》。
16. 事見《左傳・襄公八年》。
17. 事見《左傳・襄公十年》。
18. 子產作封洫及國人之罵，見《左傳・襄公三十年》；作丘賦及國人之罵，見《左傳・昭公四年》。
19. 語見《左傳・昭公四年》。林則徐的“苟利國家生死以，豈因禍福避趨之”，當從此化出。
20. 事見《左傳・襄公三十一年》。
21. 語見《左傳・襄公三十年》。

22. 語見《左傳・昭公六年》。關於叔向，請參看《青春誌》。
23. 以上事見《左傳》之昭公元年、二年。
24. 請參看范文瀾《中國通史》。
25. 語見《左傳・襄公二十九年》，原本是衛獻公與執政寧氏的交換條件。
26. 陳壽《三國誌・後主傳》裴松之註引《魏略》。
27. 初稅畝是經濟體制改革，作丘甲是軍事體制改革。改革的具體內容和方式，學術界的說法莫衷一是。但可以肯定，初稅畝和作丘甲的結果，是舊體制崩潰了。尤其是稅畝制的實行，意味着井田制的瓦解。經濟基礎變了，上層建築也非變不可。
28. 初稅畝在魯宣公十五年，《左傳》的評論是“非禮也”。作丘甲在魯成公元年，《左傳》的說法是“為齊難故”。
29. 事見《左傳・襄公十一年》。
30. 事見《左傳・昭公五年》。
31. 事見《左傳・昭公二十五年》。
32. 事見《左傳・定公五年》。
33. 事見《左傳・定公八年》。
34. 事見《左傳・哀公二十七年》。
35. 語見《左傳・昭公三十二年》。
36. 請參看《史記》之《齊太公世家》和《魯周公世家》。據說，當時周公便感歎說“魯後世其北面而事齊矣”。
37. 請參看《左傳・昭公三年》。
38. 事見《左傳・昭公十年》。
39. 以上語見《左傳・昭公二十六年》。
40. 以上據《史記・孔子世家》。
41. 以上請參看《史記・田敬仲完世家》。
42. 據《左傳・定公四年》，西周封建之初，魯國和衛國的政策都是“啟以商政，疆以周索”，晉國則是“啟以夏政，疆以戎索”。啟，就是開啟；

疆，就是疆理；索，就是法則。啟以商政，疆以周索，就是沿用殷商的政治制度，用姬周的法則區劃土地。啟以夏政，疆以戎索，則是沿用部落國家時代的政治制度，用戎狄的法則區劃土地。

43. 晉是西周最早的封國之一，始封之君是周成王的弟弟唐叔虞，始封之地為唐（今山西省太原市），後改名晉。成侯時遷都曲沃，穆侯時遷絳（翼），景公時遷新田（今山西省侯馬市），亦稱絳，舊都則為故絳。
44. 事見《左傳・成公十八年》、《國語・晉語七》。
45. 事見《左傳・成公八年》。
46. 事見《左傳・定公十三年》。
47. 春秋時，縣大於郡；戰國和戰國以後，郡大於縣。
48. 事見《左傳・哀公二年》。
49. 事見《史記・趙世家》。

第五章

1. 事見《左傳》之莊公十年、十四年。
2. 事見《左傳・魯宣公十一年》。
3. 事見《左傳・哀公二年》。
4. 據《史記》之“秦本紀”與“秦始皇本紀”，並請參看雷海宗《中國文化與中國的兵》。
5. 請參看《荀子・議兵》。荀子是反對屠城的。但他特別提出“不屠城”，則說明屠城之事已經發生。
6. 趙籍是趙襄子姪孫，魏斯是魏桓子之孫，韓虔是韓康子之孫，絳即今山西省侯馬市，曲沃即今山西省聞喜縣。
7. 楚國令尹子西說，楚在西周封建時的國土面積只有方圓五十里，可見那時的楚也是城市國家。見《史記・孔子世家》。

8. 北方諸國的稱王時間已無法確知，司馬遷説最早是秦惠王（請參看《史記・周本紀》）。但秦惠之前，齊威和魏惠，還有韓和燕，似乎已都是王銜，只有趙國稱王最晚。

9. 本章涉及的商鞅事跡除另有註釋者外，均見《史記・商君列傳》。

10. 請參看《資治通鑒・周紀二》，原文是“皆以夷狄遇秦，擯斥之，不得與中國之會盟”。

11. 荀子比較過不同王國的軍事制度，認為像齊國那樣用錢獎勵的僱傭軍式軍隊是“亡國之兵”；魏國那樣用免税來獎勵的是“危國之兵”；用賜爵來獎勵的秦軍最有戰鬥力。正如齊軍打不過魏軍，魏軍打不過秦軍，秦軍也不可能戰勝齊桓和晉文，更不可能戰勝商湯和周武的軍隊。因為齊桓、晉文靠的是紀律嚴明，商湯和周武的則是仁義之師。請參看《荀子・議兵》。

12. 請參看劉歆《新序》。

13. 車裂有分裂死屍和活人兩種。

14. 關於連坐的解釋，請參看王伯祥《史記選》。

15. 關於對商鞅變法及其立法和執法的評價，請參看易中天《帝國的終結》和《先秦諸子百家爭鳴》，那裏面有更詳盡的論述。

第六章

1. 本節與下節所述史實，請參看《史記》之《蘇秦列傳》和《張儀列傳》。

2. 請參看《孟子・滕文公下》。

3. 馮驩的驩，是歡的異體字。《戰國策》作馮諼（讀如宣）。

4. 本節事見《史記・孟嘗君列傳》和《戰國策・齊策四》。兩書所載多有不同，本書取材以《史記》為主，參考《戰國策》。

5. 本節事見《史記・呂不韋列傳》和《戰國策・秦策五》。
6. 事見《史記・孟嘗君列傳》。
7. 顧炎武《日知錄・周末風俗》亦稱："春秋時猶尊禮重信，而七國則絕不言禮與信矣。"
8. 事見《史記・蘇秦列傳》、《戰國策・秦策一》。
9. 事見《史記・平原君虞卿列傳》。
10. 事見《史記・張儀列傳》。
11. 事見《史記・孟嘗君列傳》。
12. 請參看劉向《戰國策・序》。
13. 請參看沈長雲、楊善群《戰國史與戰國文明》。
14. 關於周代貴族的成年禮，請參看本中華史第三卷《奠基者》。
15. 請參看《史記・秦始皇本紀》。
16. 劉向的《戰國策・序》就說："戰國之時，君德淺薄，為之謀策者，不得不因勢而為資，據時而為畫，故其謀扶急持傾，為一切之權。"此說甚為有理。
17. 見王充《論衡・效力》。
18. 據說，田成子是"殺一牛，取一豆肉，餘以食士；終歲，布帛取二制焉，餘以衣士"。見《韓非子・外儲說右上》。
19. 請參看《史記・孟嘗君列傳》。
20. 請參看《史記・魏世家》。

附錄

本卷大事年表

上春秋

公元前 722 年（魯隱公元年），鄭莊公滅共叔段，春秋開始。

公元前 718 年（魯隱公五年），曲沃莊伯聯合鄭、邢伐翼，周桓王令虢公伐曲沃，立哀侯於翼。晉國事始見於《左傳》。

公元前 709 年（魯桓公三年），曲沃武公伐翼，韓氏始祖韓萬駕馭戎車。曲沃武公俘哀侯。

公元前 706 年（魯桓公六年），楚武王侵隨。

公元前 705 年（魯桓公七年），曲沃武公誘殺晉君小子侯，次年春滅翼，周桓王另立哀侯弟於晉（今山西省太原市），是為晉侯緡。

公元前 701 年（魯桓公十一年），鄭莊公卒。

公元前 694 年（魯桓公十八年），魯桓公被殺。

公元前 685 年（魯莊公九年），齊桓公立。

公元前 679 年（魯莊公十五年），齊桓公始霸。

公元前 678 年（魯莊公十六年），曲沃武公滅晉侯緡，周釐王令曲沃武公以一軍為晉侯。

公元前 676 年（魯莊公十八年），晉獻公即位。

公元前 672 年（魯莊公二十二年），陳公子完奔齊，是為田陳氏始祖。

公元前 669 年（魯莊公二十五年），晉獻公盡殺桓叔、莊伯之後。

公元前 662 年（魯莊公三十二年），魯慶父殺公子般，立公子啟，是為魯閔公。

公元前 660 年（魯閔公二年），魯慶父殺閔公，季友立公子申，是為魯僖（釐）公。晉獻公命太子申生伐狄。

公元前 657 年（魯僖公三年），楚成王伐鄭。

公元前 656 年（魯僖公四年），齊楚召陵之盟。驪姬逼死晉太子申生。

公元前 651 年（魯僖公九年），葵丘之會，齊桓公稱霸；晉獻公去世，晉惠公即位，宋襄公即位。

公元前 643 年（魯僖公十七年），齊桓公去世。

公元前 639 年（魯僖公二十一年），宋襄公被楚軍俘虜，圖霸失敗。

公元前 638 年（魯僖公二十二年），楚宋泓之戰，宋襄公戰敗受傷。

公元前 637 年（魯僖公二十三年），宋襄公去世，宋成公即位。晉惠公去世，晉懷公即位。

公元前 636 年（魯僖公二十四年），秦穆公送晉文公回國即位，殺晉懷公。宋成公到楚國朝見楚成王。王子帶叛亂，東周京城被狄人攻破，周襄王避難復國。

公元前 635 年（魯僖公二十五年），晉文公出兵勤王，殺王子帶，送周襄王復國。

公元前 634 年（魯僖公二十六年），宋國“叛楚即晉”。

公元前 633 年（魯僖公二十七年），楚成王聯合陳、蔡、鄭、許四國軍隊圍宋。

公元前 632 年（魯僖公二十八年），晉楚城濮之戰，晉文踐土之盟，晉文公稱霸。

公元前 630 年（魯僖公三十年），晉文公聯合秦國伐鄭，叔詹和燭之武救鄭，秦撤軍，秦晉開始有裂痕。

公元前 628 年（魯僖公三十二年），晉文公去世。

公元前 627 年（魯僖公三十三年），秦穆公欲襲鄭，弦高救之。秦軍滅滑。晉軍聯合姜戎擊秦，秦晉殽之戰，晉俘虜孟明視、西乞術、白乙丙，葬晉文公。

公元前 626 年（魯文公元年），楚商臣弒其君父成王，自立為君，是為楚穆王。

公元前 625 年（魯文公二年），秦晉彭衙之戰，秦敗。

公元前 624 年（魯文公三年），秦穆公伐晉，勝。

公元前 623 年（魯文公四年），秦穆公征服西戎，遂霸西戎。

公元前 621 年（魯文公六年），秦穆公去世，秦康公即位。晉襄公去世，晉靈公即位。

公元前 613 年（魯文公十四年），楚莊王立。

公元前 607 年（魯宣公二年），晉靈公被殺。

公元前 605 年（魯宣公四年），鄭靈公被殺。

公元前 599 年（魯宣公十年），陳靈公因夏姬故，被殺。

公元前 598 年（魯宣公十一年），楚莊王伐陳，擄夏姬。

公元前 597 年（魯宣公十二年），春，楚莊王伐鄭，鄭國投降。夏，晉楚邲之戰。

公元前 595 －前 594 年（魯宣公十四至十五年），楚莊王圍宋。宋死戰後降。魯、宋、鄭、陳諸國皆從楚，楚霸業成。

公元前 594 年（魯宣公十五年），魯國初稅畝。

公元前 590 年（魯成公元年），魯國作丘甲。

公元前 584 年（魯成公七年），巫臣使吳，教吳以車戰及外交，並聯晉伐楚。吳國崛起，其國名始見於《春秋》，其君主始見於《左傳》。

公元前 583 年（魯成公八年），晉滅趙氏，後復封趙武。

公元前 575 年（魯成公十六年），晉楚鄢陵之戰。

公元前 565 年（魯襄公八年），鄭伐蔡。

公元前 562 年（魯襄公十一年），魯國作三軍，季孫氏、孟孫氏、叔孫氏三分公室而各有其一。

公元前 546 年（魯襄公二十七年），弭兵大會，晉楚爭當盟主，楚人先歃血。

公元前 543 年（魯襄公三十年），鄭國上卿授權子產執政。

公元前 541 年（魯昭公元年），楚國令尹子圍弒君即位，是為楚靈王。

公元前 538 年（魯昭公四年），楚靈王稱霸，鄭子產作丘賦。

公元前 537 年（魯昭公五年），魯捨中軍，卑公室，公室再次為三桓瓜分。楚伐吳，越隨楚，此為越人第一次出現在史冊。

公元前 536 年（魯昭公六年），鄭子產鑄刑鼎。

公元前 534 年（魯昭公八年），楚靈王滅陳。

公元前 531 年（魯昭公十一年），楚靈王殺蔡靈公，滅蔡，殺蔡國太子祭祀社神。

公元前 529 年（魯昭公十三年），楚國內亂，靈王自殺，陳、蔡復國。晉昭公與齊、魯、劉、宋、衛、鄭、曹、莒、邾、滕、薛、杞、小邾盟會於平丘。晉合諸侯止於此。

公元前 522 年（魯昭公二十年），子產卒，孔子稱其為“古之遺愛”。

公元前 517 年（魯昭公二十五年），魯昭公伐季孫氏，敗，流亡國外。

公元前 516 年（魯昭公二十六年），楚平王卒，楚昭王立。

公元前 515 年（魯昭公二十七年），吳公子光殺吳王僚而自立，是為吳王闔閭。

公元前 513 年（魯昭公二十九年），晉國鑄刑鼎，孔子稱“民在鼎矣，何以尊貴”。

公元前 510 年（魯昭公三十二年），吳始用兵於越。

公元前 506 年（魯定公四年），吳王闔閭伐楚，五戰五勝，入郢都，楚昭王逃亡，闔閭稱霸。

公元前 505 年（魯定公五年），魯國陽虎政變。

公元前 497 年（魯定公十三年），范、中行攻趙，知、韓、魏救之。

公元前 496 年（魯定公十四年），吳越檇李之戰。吳王闔閭受傷身亡，吳王夫差繼位。越國國君名始見於《左傳》。

公元前 494 年（魯哀公元年），吳越夫椒之戰，吳王夫差差一點滅亡越國。

公元前 493 年（魯哀公二年），趙鞅大敗救援范氏和中行氏的鄭軍，范氏和中行氏敗局已定。

公元前 482 年（魯哀公十三年），越軍攻入吳都。

公元前 481 年（魯哀公十四年），田恆殺齊簡公，立齊平公，田陳氏實際上代齊。

公元前 480 年（魯哀公十五年），子路戰死。

公元前 479 年（魯哀公十六年），孔子去世。《春秋》止於此年。

公元前 478 年（魯哀公十七年），楚惠王滅陳。

公元前 476 年（魯哀公十九年），《史記· 六國年表》開始。

公元前 475 年（魯哀公二十年），越王勾踐圍吳。

公元前 473 年（魯哀公二十二年），吳王夫差自盡，吳亡，勾踐稱霸。

公元前 468 年（魯哀公二十七年），魯哀公奔越，投靠勾踐。《左傳》止於此年。

公元前 458 年（魯悼公十年），趙、知、韓、魏四家盡分范氏和中行氏之地，知氏得地最多。

下戰國

公元前 453 年，趙、魏、韓三家滅知。

公元前 447 年，楚惠王滅蔡。

公元前 445 年，楚惠王滅杞。

公元前 440 年，周考王封其弟於河南，稱西周桓公。

公元前 431 年，楚簡王滅莒。

公元前 403 年，周威烈王冊封趙襄子姪孫趙籍、魏桓子之孫魏斯、韓康子之孫韓虔為諸侯，趙、魏、韓建國。《資治通鑒》開始。

公元前 391 年，齊國大夫田和遷齊康公於海上，食一城。

公元前 386 年，田和被周安王冊封為諸侯。

公元前 379 年，齊康公卒，姜齊徹底滅亡。齊威王立。

公元前 376 年，晉靜公被廢，晉亡。

公元前 375 年，韓哀侯滅鄭。

公元前 369 年，魏惠王立。

公元前 367 年，周威公少子爭立，即位於鞏，稱東周惠公。

公元前 361 年，秦孝公招賢，商鞅入秦，次年變法。

公元前 346 年，衛自貶為侯，臣服於三晉。

公元前 341 年，齊韓馬陵之戰，孫臏大敗龐涓。

公元前 340 年，商鞅大敗魏公子卬。魏惠王悔不用商鞅。商鞅受封為商君。

公元前 338 年，秦惠王殺商鞅。

公元前 336 年，孟子見魏惠王。

公元前 334 年，越王無彊伐楚兵敗身亡，越國臣服於楚。

公元前 333 年，張儀入秦，蘇秦任縱約長，合縱連橫開始。

公元前 332 年，秦聯合齊、魏伐趙，縱約解除。

公元前 328 年，張儀相秦。

公元前 325 年，秦惠王稱王。

公元前 321 年，齊郭靖君田嬰卒，子田文繼位為孟嘗君，開養士風氣之先。

公元前 320 年，衛更貶號為君。

公元前 318 年，宋稱王。

公元前 316 年，蘇秦卒。

公元前 314 年，周赧王立，周王室分裂為東西周。齊宣王向孟子問政。

公元前 313 年，張儀用欺騙手段讓楚懷王與齊絕交。

公元前 309 年，張儀卒。

公元前 299 年，楚懷王被騙入秦，遭軟禁。

公元前 298 年，趙王封其弟趙勝為平原君。

公元前 296 年，趙武靈王滅中山。楚懷王病逝於秦。

公元前 288 年，秦昭襄王稱西帝，尊齊王為東帝，不久又取消帝號，仍稱王。

公元前 286 年，齊閔王滅宋。

公元前 279 年，秦趙澠池之會，藺相如相趙王。

公元前 276 年，魏王封其弟魏無忌為信陵君。

公元前 262 年，楚王封黃歇為春申君。

公元前 256 年，秦昭襄王滅西周國，楚考烈王滅魯。

公元前 254 年，衛淪為魏國附庸。

公元前 251 年，秦昭襄王卒，孝文王繼位。

公元前 250 年，秦孝文王卒，莊襄王繼位。

公元前 249 年，秦莊襄王滅東周國，周亡。

公元前 247 年，秦莊襄王卒，嬴政繼位，呂不韋被尊為相國，號稱仲父。

公元前 241 年，衛淪為秦國附庸。

公元前 237 年，呂不韋罷相，秦下逐客令，後因李斯而收回成命。

公元前 235 年，呂不韋被秦王嬴政逼迫自殺。

公元前 230 年，秦滅韓。

公元前 228 年，秦滅趙。

公元前 225 年，秦滅魏。

公元前 223 年，秦滅楚。

公元前 222 年，秦滅燕。

公元前 221 年，秦滅齊。天下一統，始皇稱帝。